内蒙古自治区社会经济发展蓝皮书·第三辑

总主编/杜金柱　侯淑霞

内蒙古

内蒙古自治区
能源经济可持续发展

哈斯巴根　吕　君　徐　杰　白秀莲◎著

SUSTAINABLE DEVELOPMENT OF ENERGY
ECONOMY ON INNER MONGOLIA

经济管理出版社
ECONOMY & MANAGEMENT PUBLISHING HOUSE

图书在版编目（CIP）数据

内蒙古自治区能源经济可持续发展/哈斯巴根等著. —北京：经济管理出版社，2020. 8
ISBN 978 - 7 - 5096 - 7480 - 2

Ⅰ.①内…　Ⅱ.①哈…　Ⅲ.①能源经济—经济可持续发展—研究—内蒙古　Ⅳ.①F426. 2

中国版本图书馆 CIP 数据核字（2020）第 158336 号

组稿编辑：王光艳
责任编辑：李红贤
责任印制：黄章平
责任校对：陈晓霞

出版发行：经济管理出版社
　　　　　（北京市海淀区北蜂窝 8 号中雅大厦 A 座 11 层　100038）
网　　　址：www. E - mp. com. cn
电　　　话：(010) 51915602
印　　　刷：北京晨旭印刷厂
经　　　销：新华书店
开　　　本：720mm × 1000mm/16
印　　　张：11. 75
字　　　数：198 千字
版　　　次：2020 年 8 月第 1 版　　2020 年 8 月第 1 次印刷
书　　　号：ISBN 978 - 7 - 5096 - 7480 - 2
定　　　价：98. 00 元

内蒙古自治区社会经济发展蓝皮书·第三辑

丛书编委会

总主编：杜金柱　　侯淑霞

编　委：金　桩　柴国君　王世文　王香茜　冯利伟　冯利英

　　　　吕　君　许海清　吕喜明　张术麟　张启智　张建斌

　　　　金　良　娜仁图雅(1)　　娜仁图雅(2)　　赵秀丽

　　　　徐全忠　陶克涛　曹　荣　贾智莲　张智荣　曹　刚

总　序

　　2018 年是党的十九大的开局之年和改革开放 40 周年，在以习近平同志为核心的党中央坚强领导下，内蒙古自治区各族人民深入学习贯彻党的十九大和十九届二中、三中全会精神，全面落实党中央、国务院的决策部署，积极应对各种困难和挑战，锐意进取，扎实工作，全区经济社会持续健康发展，地区生产总值增长 5.3%，一般公共预算收入增长 9.1%，城乡常住居民人均可支配收入分别增长 7.4% 和 9.7%，取得了令人瞩目的成绩，唤起了社会各界深度了解内蒙古自治区社会经济发展情况的迫切愿望。

　　为系统描绘内蒙古自治区社会经济发展的全景图谱，为内蒙古自治区社会经济发展提供更多的智力支持和决策信息服务，2013 年、2016 年，内蒙古财经大学分别组织校内学者编写了《内蒙古自治区社会经济发展研究报告丛书》，两套丛书出版以来，受到社会各界的广泛关注，也成为社会各界深入了解内蒙古自治区的一个重要窗口。2019 年，面对过去一年社会经济发展形势的风云激荡，内蒙古财经大学的专家学者们再接再厉，推出全新的《内蒙古自治区社会经济发展蓝皮书》，丛书的质量和数量均有较大提升，力图准确诠释 2018 年内蒙古自治区社会经济发展的诸多细节，以文思哲理为中华人民共和国成立 70 周年献礼。书目包括《内蒙古自治区体育产业发展报告（2018）》《内蒙古自治区服务贸易发展报告（2018）》《内蒙古自治区劳动力市场发展研究报告（2018）》《内蒙古自治区财政发展报告（2018）》《内蒙古自治区区域经济综合竞争力发展报告（2018）》《内蒙古自治区文化产业发展研究报告（2018）》《内蒙古自治区社会保障发展报告（2018）》《内蒙古自治区工业发展研究报告（2018）》《内蒙古自治区投资发展报告（2018）》《内蒙古自治区资源环境发展研究报告（2018）》《内蒙古自治区"双创"指数研究报告（2018）》《内蒙古自治区云计算产业发展报告（2018）》《内蒙古自治区农业发展报告（2018）》《内蒙古自治区战略性新兴产业发展报告（2018）》《蒙古国经济发展现状与展望（2018）》《内蒙古自治区金融发展报告（2018）》《内蒙古自治区旅游业发展报告（2018）》《内蒙古自治区物流业发展报告（2018）》《内蒙古自治区能源发展报告（2018）》《内蒙古自治区对外经济贸易发展研究报告（2018）》《内蒙古自治区中小企业研究报告（2018）》《内蒙古自治区区域经济发展报告（2018）》《内蒙古自治区商标品牌发展报告（2018）》《内蒙古自治区知识产权发展报告（2018）》。

中国特色社会主义进入新时代的伟大实践，需要独有的思想意识、价值意念和技术手段的支持，从而形塑更高层次的经济和社会发展格局。以习近平中国特色社会主义思想为指引，践行社会主义核心价值观，筑牢使命意识，恪守学术操守，应是当代中国学者的既有担当。正是基于这样的基本态度，我们编撰了本套丛书，丛书崇尚学术精神，坚持专业视角，客观务实，兼容并畜，兼具科学研究性、实际应用性、参考指导性，希望能给读者以启发和帮助。

丛书的研究成果或结论属个人或研究团队的观点，不代表单位或官方结论。受客观环境及研究者水平所限，特别是信息、技术、价值观等迭代加速以及杂多变国内外形势复杂多见，社会科学研究精准描述的难度和发展走向的预测难度增大，如若书中结论存在不足之处，恳请读者指正。

编委会

2019 年 7 月

前　言

　　能源是国家强盛的动力、安全的基石，尤其是《巴黎协定》以后，要建设美丽家园、幸福人类，未来能源必须更加的低碳、更加的清洁。我国已成为世界上最大的能源生产国和消费国，能源领域的主要矛盾已经由保障供给向满足多样化需求转变，由人民群众"用得上"向"用得起""用得好"加快转变。内蒙古自治区是能源大省，拥有丰富的煤炭、石油、天然气等化石能源资源，以及风能、太阳能等可再生能源资源，其中，风能资源占全国风能资源总量的50%以上，太阳能资源位居全国前列，因此，内蒙古自治在国家发展大局中具有重要战略地位。内蒙古自治区将继续加大投资，加快发展能源工业，坚持技术创新，优化升级产业结构，积极推动煤炭清洁高效利用，持续提升新能源和可再生能源发展水平，大力实施节能降耗深度改造，助力内蒙古自治区经济、社会、环境健康发展。

　　本书共分为三章。第一章为绪论，第二章为各行业可持续分析，第三章为专题研究。第一章主要分析了2016年内蒙古自治区能源运行形势（储量、产量、销量、投资）、能源行业发展中存在的问题、贸易与区域能源合作；第二章分别对煤炭、石油天然气、电力和新能源重点行业的运行态势进行了分析，并提出了今后的行业发展趋势和政策建议，旨在促进内蒙古自治区能源行业健康有序发展；第三章紧密围绕当今我国能源发展的热点与前沿问题，对内蒙古自治区能源行业40年取得的成就，能源发展带来的环境问题以及节能环保产业发展、内蒙古电力行业发展等问题进行了深入解析。

目　录

第 一 章

绪 论

　　能源工业是经济发展的动力和血脉，无论发达国家还是发展中国家都把能源发展和安全摆在重要的战略位置，特别是当前宏观经济正面临着转型升级的重大挑战，能源的重要性愈发凸显，它是现代经济繁荣的核心。没有能源，我们对一个更清洁、更环保、更高效的世界（包括自动驾驶汽车、物联网、运行它们所需的数据中心和人工智能）的梦想就会陷入低科技停滞。

　　2016 年，中国一次能源消费结构中，煤炭占 62%，石油占 18.3%，天然气占 6.4%，水电占 8%，核电占 1.2%，而新能源（风电、太阳能）的比例仅为 4.1%。电力结构中煤电大致占比为 70%。因此，调整中国能源电力结构，必须考虑如何减少煤炭消费。中国目前的经济结构决定了经济回暖通常与煤炭需求反弹同步。

　　内蒙古自治区是我国能源大区，也是能源富集、种类最全的生态功能区，具有重要的战略地位。在发展经济的同时建设生态安全屏障是内蒙古自治区在国家发展大局中所承担的重要责任。习近平总书记在两会期间参加内蒙古自治区代表团讨论时，要求内蒙古自治区把现代能源这篇文章做好，紧跟世界能源技术革命新趋势，延长产业链条，提高能源资源利用效率。内蒙古自治区当前正处于传统能源经济转型升级的关键时期，落实好中央领导的指示要求，认真研究和了解世界能源技术发展的新趋势，加强同地区和国际间的交流合作，贯彻创新发展理念，全力推动能源经济转型发展，形成以新型能源为引领的产业布局，力争让内蒙古自治区能源更强大、高效、清洁、绿色、环保。

第一节 内蒙古自治区能源运行形势

面对国内经济形势的下行压力，加快推进能源企业转型升级尤为重要。当前是国家调整产业结构和企业转型升级的关键期，解决长期困扰民营企业发展的科技创新能力差、融资难、人才缺乏等问题势在必行。因此，了解内蒙古自治区能源产出、消费以及投资状况，对于协调好内蒙古自治区经济发展与能源消费的关系问题意义重大且任务迫切。

一、能源储量

截至 2016 年底，内蒙古自治区全区累计查明煤炭资源量为 10246 亿吨，其中，自治区地质勘察基金项目查明 6515 亿吨，占全区累计查明煤炭总资源量的 63.6%。石油地质资源储量为 6.14 亿吨，天然气查明地质资源储量为 1.67 万亿立方米，位居全国第三。内蒙古自治区太阳能辐射总量为 4800~6400 兆焦耳/平方米，仅次于西藏自治区，位居全国第二。全区风能储量为 10.1 亿千瓦，占全国风能总储量的 1/5，居全国之首。太阳能年总辐射量为 4830~7010 兆焦耳/平方米，位居全国第二，年日照时数为 2600~3400 小时，是全国高值地区之一。

二、能源产量

1. 能源生产总量

全区原煤产量达 84558.88 万吨，比 2015 年下降 7.0%；焦炭产量为 2816.73 万吨，比上年下降 7.4%；天然气产量为 299.2 亿立方米，增长 3.2%；发电量达到 3948.00 亿千瓦时，比上年增长 0.5%，其中，风力发电量 464.2 亿千瓦时，比上年增长 13.8%，如表 1-1 所示。

表 1-1 2016 年内蒙古自治区各盟市主要工业产品产量

地区	原油 （万吨）	原煤 （万吨）	发电量 （亿千瓦时）	焦炭 （万吨）
呼和浩特市	—	292.18	437.59	11.12
包头市	—	1974.43	460.50	539.55

续表

地区	原油 （万吨）	原煤 （万吨）	发电量 （亿千瓦时）	焦炭 （万吨）
呼伦贝尔市	40.05	8040.22	306.12	—
兴安盟	—	110.73	52.50	—
通辽市	—	4671.62	425.01	—
赤峰市	—	1768.59	235.53	136.55
锡林郭勒盟	121.67	8137.10	347.31	—
乌兰察布市	—	—	498.24	—
鄂尔多斯市	—	57423.42	762.04	831.49
巴彦淖尔市	12.70	—	163.23	198.96
乌海市	—	1077.16	186.85	856.61
阿拉善盟	—	1063.43	73.08	242.45
合计	174.42	84558.88	3948.00	2816.73

从表1-2可知，全区原煤产量达84558.88万吨，比上年下降7.0%；天然气产量299.22亿立方米，增长3.2%；发电量达到3949.81亿千瓦时，增长0.5%。

表1-2　2013~2016年内蒙古自治区主要能源工业产品产量

年份	原煤 （万吨）	汽油 （万吨）	柴油 （万吨）	天然气 （亿立方米）	原油 （万吨）	发电量 （亿千瓦时）
2013	99054.54	147.5	207.87	270.62	166.05	3567.14
2014	99391.26	151.87	214.67	281.08	193.21	3857.81
2015	90957.05	147.91	177.29	290.00	178.83	3928.77
2016	84558.88	176.62	177.58	299.22	174.42	3948.00

从图1-1可知，2016年，内蒙古自治区能源生产总量为52690.41万吨标准煤，能源生产总量1990年（2821.61万吨标准煤）至2000年（4701.23万吨标准煤）增长缓慢，2000~2012年增长较快，翻了12.8倍，此后，2012~2016年则快速下降。从能源生产结构看（见图1-2），煤炭所占比例最高为89.21%，其他依次为天然气6.06%，新能源、其他能源发电3.45%，石油0.47%，石油最低。

（万吨标准煤）

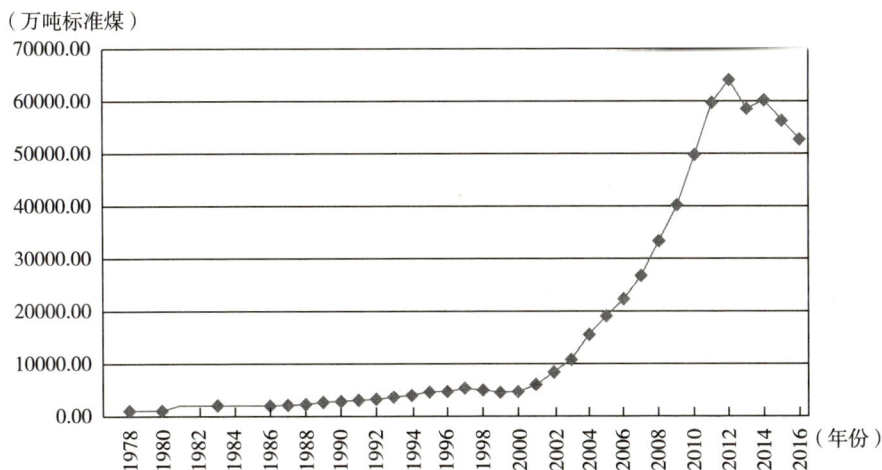

图 1 - 1 1978 ~ 2016 年内蒙古自治区能源生产总量

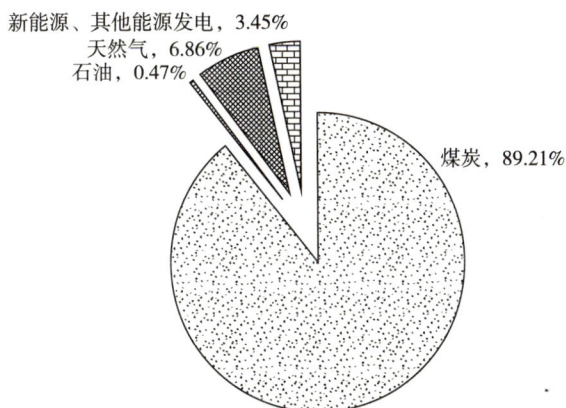

新能源、其他能源发电，3.45%
天然气，6.86%
石油，0.47%

煤炭，89.21%

图 1 - 2 2016 年内蒙古自治区能源生产结构

从表 1 - 3 可知，2016 年，内蒙古自治区各盟市主要能源工业产品、产量分布不均，原油锡林郭勒盟最多，其次为呼伦贝尔市，巴彦淖尔市第三，其他盟市不出产。原煤鄂尔多斯市产量最多，巴彦淖尔市产量最少，而乌兰察布市无出产。发电量鄂尔多斯市最多，兴安盟最少。

表1-3 2016年内蒙古自治区各盟市主要能源工业产品产量

地区	原油（吨）	原煤（万吨）	发电量（亿千瓦时）	焦炭（万吨）
呼和浩特市	—	411.95	440.95	48.06
包头市	—	2041.62	445.05	495.04
呼伦贝尔市	440635	8721.06	341.02	—
兴安盟	—	107.00	40.90	—
通辽市	—	5294.79	311.38	—
赤峰市	—	2672.65	224.72	122.57
锡林郭勒盟	1359254	12134.42	379.46	—
乌兰察布市	—	—	446.79	—
鄂尔多斯市	—	63119.18	812.63	772.28
巴彦淖尔市	123995	3.00	157.47	231.41
乌海市	—	3412.26	193.00	1235.02
阿拉善盟	—	1473.36	64.44	541.56
合计	1923884	99391.29	3857.81	3445.94

2. 能源生产与弹性系数

能源生产弹性系数是研究能源生产增长速度与国民经济增长速度之间关系的指标。计算方法：

能源生产弹性系数 = 能源生产总量年平均增长速度/国民经济年平均增长速度

国民经济年平均增长速度可根据不同的目的或需要，用地区收入总值、地区生产总值等指标来计算，本书是采用国内生产总值指标计算的。

电力生产弹性系数是研究电力生产增长速度与国民经济增长速度之间关系的指标。一般来说，电力的发展应当快于国民经济的发展，也就是说电力应超前发展。计算公式：

电力生产弹性系数 = 电力生产量年平均增长速度/国民经济年平均增长速度

从图1-3可以看出，2004~2016年，内蒙古自治区能源生产弹性系数总体呈现下降趋势。2011年以前能源生产弹性系数大于1，说明这一时期，内蒙古自治区能源生产的增长速度持续大于经济增长速度，这主要是因为受西部开发政策的鼓励和第二产业在经济结构中的崛起的影响，导致了内蒙古自治区经济的增长主要是靠能源生产增长驱动的；在 2012～2014 年，能源生产弹性系数均小于 1，这说明能源生产增长速度小于经济增长速度，能源生产对经济增长的拉动作用开始减小；2013 年、2015 年和 2016 年出现负数，其主要是由经济负增长引起的。从电力生产弹性系数和能源生产弹性系数变化比较看，总体高于能源生产弹性系数，2011～2016 年其回落较快，2016 年电力生产弹性系数为 0.09，其水平最低。

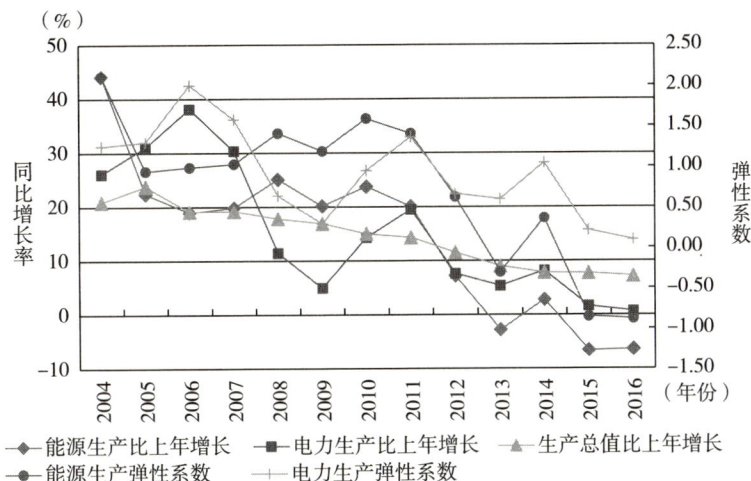

图 1-3　2004～2016 年内蒙古自治区能源生产同比增长率及弹性系数

三、能源销量

能源消费投入是刺激经济增长的主要贡献因素。在经济增长的过程中，通常会伴随着不同产业间经济力量的变化与调整，同时各产业内部的结构也会发生一定的变化与调整。目前，内蒙古自治区产业的格局正处于"二、三、一"的发展模式阶段，由于第二产业的发展常常需要消耗大量的能源，所以，经济发展就不可避免地会受到资源稀缺性与不可再生性的约束，因此，必须认真处理好产业的发展与自然资源之间合理利用的问题。

内蒙古自治区高速增长的经济，必然带来能源消费投入的大量增长。然而，内蒙古自治区的能源消费结构长期以燃煤为主，煤炭的大量开采和使用，使生态环境遭到了破坏，并日渐恶化。环境容量的有限性不可避免地对经济和能源产业的发展产生不利的制约性影响。

1. 能源消费总量

能源消费总量指一定时期内全自治区物质生产部门、非物质生产部门和生活消费的各种能源的总和，是观察能源消费水平、构成和增长速度的总量指标。能源消费总量包括原煤和原油及其制品、天然气、电力，不包括低热值燃料、生物质能和太阳能等的利用。能源消费总量分为终端能源消费量、能源加工转换损失量和能源损失量三部分。

从图1-4可以看出，1985~2016年，内蒙古自治区能源消费总量处于不断增长和上升的趋势。在2000年之前，能源消费总量增长趋势比较平稳，年均增长大约保持在6.9%。但是，自从2000年以后，能源消费量出现了明显的快速增长，从2000年的3937.54万吨标准煤快速增长到2012年的22103万吨标准煤，其间增长幅度高达4倍，年均增长达到37%，并且，将来还有持续快速增长的趋势。2013年出现急速下降，直到2016年缓慢增长到19457万吨标准煤，进入缓慢增长期。

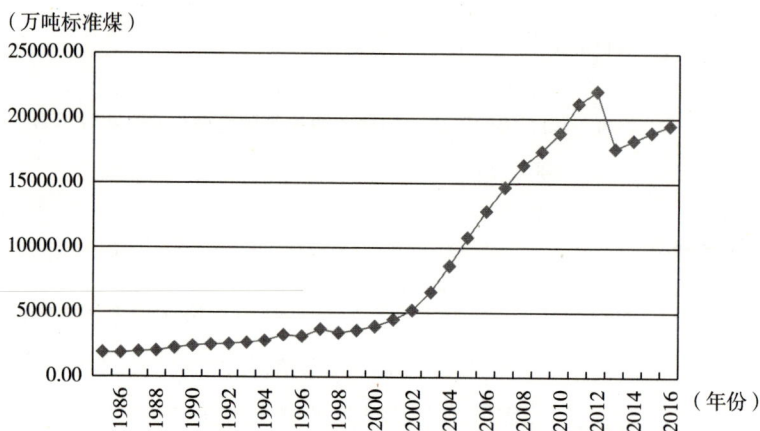

图1-4 1985~2016年内蒙古自治区能源消费总量

内蒙古自治区不同行业能源消费量情况如图1-5所示，从中不难看出工业能源消费一直是能源消费的"大户"，其他依次为生活能源消费，交通运输、仓储及邮电通信业，批发、零售业和住宿餐饮业，农、林、牧、渔业，建筑业和其他能源消费。

（万吨标准煤）

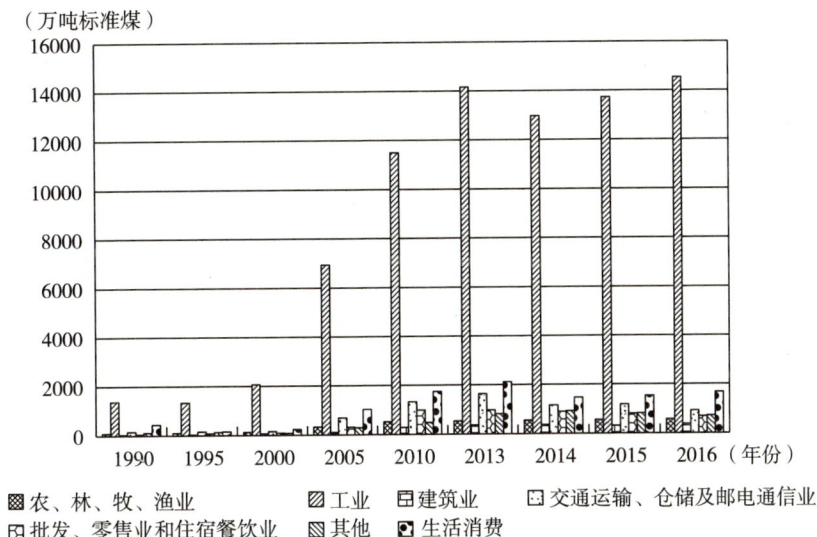

图 1-5　内蒙古自治区不同行业能源消费量情况

1990 年工业能源消费占能源消费总量的 32.4%，2005 年达到 59.41%，2010 年为 61%，2016 年为 67.71%，工业能源消费的主体地位一直没有改观。生活能源消费量居第二位，占能源消费总量的 10%，2016 年下降到 8% 左右。交通运输、仓储及邮电通信业，到 2016 年占到 4.25%，批发、零售业和住宿餐饮业占 3.18%，农、林、牧、渔业占到 2.64%，建筑业和其他能源消费所占比例较小。

2. 消费结构与消耗强度

能源消费结构反映了在生产和生活活动中，各种能源的使用数量和利用比例，与各经济部门的用能方式关系较大，与人们的生活习惯也密切相关，同时也受到地区的资源禀赋、能源的可获取技术水平等因素的影响。

从图 1-6 可以看出，2016 年内蒙古自治区能源消费结构以煤炭消费为主，一直以来，煤炭的主体地位基本没有明显变化。其次为风能、太阳能发电等新能源消费比重在逐年上涨，其值为 9.35%。石油消费比重逐年下降，其值为 6.48%。天然气消费比重为 1.81%。从能源消费结构看，煤炭独大现象突出，但比重在逐渐减少。

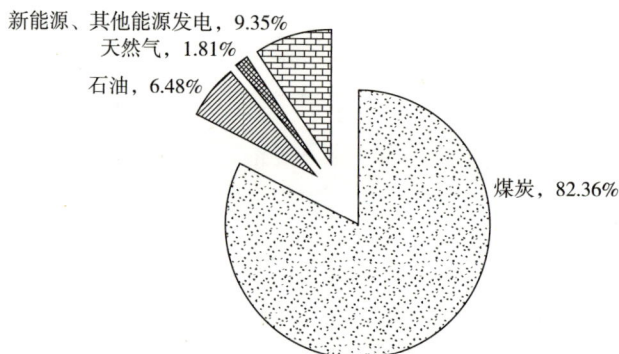

图 1-6　2016 年内蒙古自治区能源消费结构

　　近年来，全国和内蒙古自治区的能源结构均长期存在过度依赖煤炭的问题，内蒙古自治区在能源生产和消费结构中，煤炭占到 82.36%，高于全国平均水平。今后，内蒙古自治区应该减少经济增长对煤炭的依赖，迅速发展具有地域优势的风能和太阳能，进一步带动新能源产业在技术和规模上的不断发展。

　　从表 1-4 可以看出，2016 年，内蒙古自治区各盟市能源消费总量、比上年增长率、单位 GDP 能耗变化率等差距较大。能源消费总量最高的包头市比最低的兴安盟高出 10.9 倍，单位 GDP 能耗兴安盟增加 0.75%，其他盟市都有所降低，下降最高的是锡林郭勒盟。

表 1-4　2016 年内蒙古自治区各盟市能源消费

地区	能源消费总量（万吨标准煤）	能源消费比上年增长（%）	单位 GDP 能耗变化率（±%）
呼和浩特市	1542.54	0.71	-6.53
包头市	4154.06	2.34	-4.92
呼伦贝尔市	1281.91	2.24	-4.42
兴安盟	381.60	8.85	0.74
通辽市	1900.33	6.25	-1.10
赤峰市	1679.48	1.21	-5.69
锡林郭勒盟	832.45	-3.16	-9.62
乌兰察布市	1452.53	5.68	-1.00

地区	能源消费总量（万吨标准煤）	能源消费比上年增长（%）	单位 GDP 能耗变化率（±%）
鄂尔多斯市	3514.20	3.64	-3.45
巴彦淖尔市	940.96	1.75	-4.86
乌海市	1614.27	3.31	-3.26
阿拉善盟	649.36	0.56	-6.74

从图 1-7 可以看出，内蒙古自治区能源消耗强度基本保持了较高速度的持续下降，从 1985 年的 13.95 吨标准煤/万元，到 2016 年下降至 1.04 吨标准煤/万元，下降了 90% 左右。其总的发展趋势可以划分为两个典型的阶段，第一阶段为 1985~2000 年的快速下降时期。在此期间，能源消耗强度下降较快，在 84% 左右，年均下降幅度为 5.7%；第二阶段为 2000~2016 年的平缓下降时期，这一时期的能源消耗强度，下降了 45% 左右，年均下降幅度为 3.4%，2014 年后下降不明显。

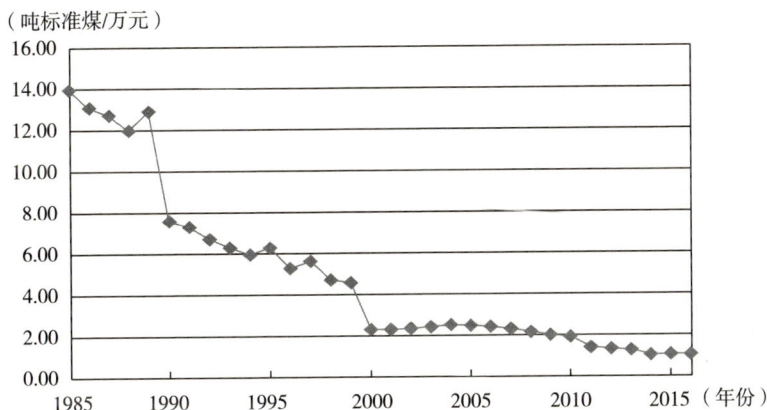

（吨标准煤/万元）

图 1-7　1985~2016 年内蒙古自治区单位 GDP 能耗

从表 1-4 及图 1-8 可以看出，2016 年内蒙古自治区区 12 盟市能源消耗强度对比情况，其中鄂尔多斯市最低，为 0.845 吨标准煤/万元，其他依次为通辽市 0.907 吨标准煤/万元、赤峰市 0.96 吨标准煤/万元、呼伦贝尔市 0.983 吨标准煤/万元；1 吨标准煤/万元以上的依次为呼和浩特市 1.014 吨标准煤/万元、兴安盟 1.099 吨标准煤/万元、锡林郭勒盟 1.046 吨标准煤/万元、包头市 1.266 吨标准煤/万元、阿拉善盟 1.311 吨标准煤/万元、巴彦淖尔市 1.401 吨标准煤/万元、乌兰察布市 1.454 吨标准煤/万元、乌海市 2.998 吨标准煤/万元等。而 2013 年内蒙古自治区各盟市能源消耗强度分别分为：鄂尔多斯市 0.917 吨标准煤/万元，通辽市 0.961 吨标准煤/万元，这两个市都在 1 吨标准煤/万元以下，其他都在 1 吨标准煤/万元以上，依次为呼伦贝尔市（1.05）、赤峰市（1.07）、呼和浩特市（1.103）、兴安盟（1.142）、锡林郭勒盟（1.257）、包头市（1.395）、阿拉善盟（1.472）、乌兰察布市（1.514）、巴彦淖尔市（1.539）、乌海市（3.179）比较整体都下降，但乌海市明显高于其他盟市，其节能减耗任务艰巨。

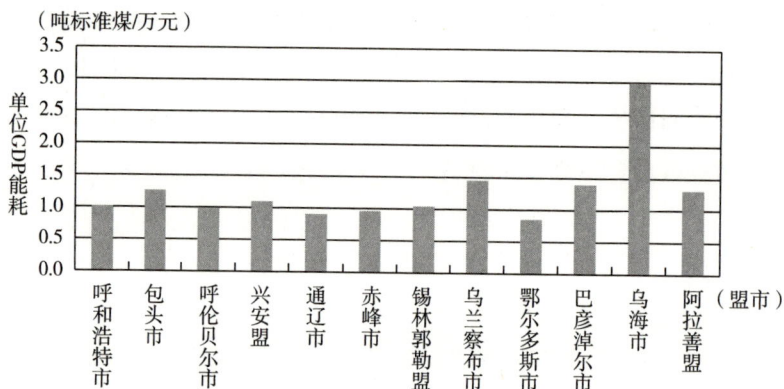

图 1-8　2016 年内蒙古自治区 12 盟市单位 GDP 能耗比较

如图 1-9 所示，从内蒙古自治区 12 盟市能源消费总量及同比增长率比较看，最高是包头市为 4154.06 万吨标准煤，其次是鄂尔多斯市为 3514.2 万吨标准煤，这两个市都在 3000 万吨标准煤以上，同比增长率为 2.34% 和 3.64%；其他都在 3000 万吨标准煤以下，依次为通辽市（1900 万吨标准煤）、赤峰市（1679.48 万吨标准煤）、乌海市、呼和浩特市、乌兰察布市、呼伦贝尔市、巴彦淖尔市、锡林郭勒盟、阿拉善盟、兴安盟，最少是兴安盟为 381.6 万吨标准煤，环比增长率为 8.85%，增长率最高，锡林郭勒盟负增长为 3.16%。

3. 能源消费弹性系数

能源消费弹性系数是反映能源消费增长速度与国民经济增长速度之间比例关系的指标。

从图 1-10 可以看出，2004~2016 年，内蒙古自治区能源消费弹性系数呈现

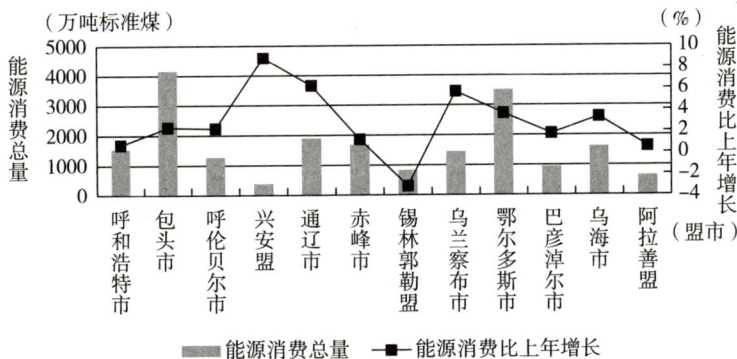

图 1-9　2016 年内蒙古自治区 12 盟市能源消费总量及同比增长率比较

下降趋势。在同时间内，能源消费弹性系数波动与国内生产总值增长率波动趋势相同，从而可以说，能源弹性系数与生产总值增长率有相关性，经济发展水平影响能源消费。2006～2016 年，内蒙古自治区能源消费弹性系数均小于 1。2011年，内蒙古自治区能源消费弹性系数出现了小幅回升的趋势，达到 0.80，这说明经济增长对能源消费的依赖度有所增加，能源消费增长依然还是经济增长的主要驱动因素。

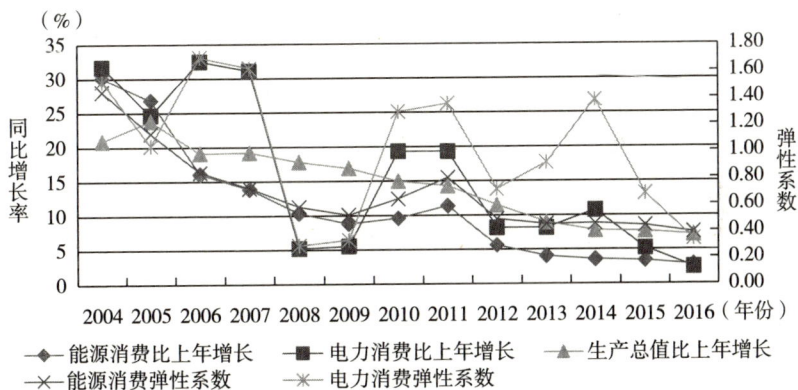

图 1-10　2004～2016 年内蒙古自治区能源消费同比增长率及弹性系数

四、能源投资

2016 年，内蒙古自治区工业投资为 6060.42 亿元，其中，能源工业的总投入达1922.10亿元,同比增长7.8%。煤炭开采和洗选业投资为452.82亿元;石油和天然气开采业投资为171.24亿元;电力、热力的生产和供应业投资为1505.91亿元;燃气生产和供应业投资为72.46亿元。

第二节 内蒙古自治区能源行业发展存在的问题

一、传统能源产能严重过剩

2016年,内蒙古自治区在煤炭、钢铁"去产能"中,不仅完成目标任务,而且走在全国前列。内蒙古自治区在推进化解煤炭、钢铁过剩产能,引导企业兼并重组上,共关闭煤矿10处、产能330万吨,关停违规煤矿23处、产能1.6亿吨,实现生产煤矿按276天减量化生产,严控煤矿超能力生产,退出钢铁企业产能291.25万吨,较好地完成了国家下达的任务,去产能工作进度、质量走在全国前列。内蒙古自治区共引导煤炭企业上下游联合兼并重组23起,涉及重组资产1480亿元,盘活煤矿投资和转化项目投资240亿元,可新增产值200亿元,控制新增产能7000万吨,可就地消化现有煤炭产能9286万吨。在国家"去产能"政策的背景下,这些举措不仅抑制了新增产能盲目扩张,而且对于内蒙古自治区经济的未来走向有着极为重要的价值。

二、限制传统能源上新项目

对产能过剩的传统产业,"十三五"前期原则上不安排新项目,包括煤炭、煤电、煤化工、炼油,且都有严格的准入制度安排。煤炭将很严格地实行三年不上新项目的要求,要上也是按照减量置换的原则实行,核心是让市场供求关系逐步走向均衡。

三、弃风、弃光、弃水愈演愈烈

内蒙古自治区人民政府官网显示,其拥有全国50%的风能资源,截至2015年,风电并网规模达到2425万千瓦,约占全国风电总并网规模的1/5,居全国第一位。《每日经济新闻》记者查询国家能源局官网数据发现,内蒙古自治区2014年、2015年、2016年的弃风率分别为9%、18%、21%,2016年的弃风率全国排名第四。而在 2016 年上半年，内蒙古自治区弃风率达 30%。

虽然弃风率逐年上升，但在 2016 年内蒙古自治区新增并网容量为 132 万千瓦，居全国第二位；而从弃电量来看，弃风电量为 124 亿千瓦时，排名全国第二。

产生上述问题的主要原因是电力系统抽水蓄能和天然气发电等机组只占到总装机量的 5% 左右，调峰能力不足；风光电布局不够合理，东部用电负荷中心装机少，装机集中在风光资源较好的西北部，但当地的负荷容量非常有限，消化不了。为了外送，需要配套火电来调峰，因此，风电、光电的经济性大打折扣。内蒙古自治区新能源已形成以风电为主、光伏发电为辅、水电和生物质发电为补充的多元化发展格局。但受近年来用电负荷增长趋缓，电源装机规模较大的影响，全区弃风限电情况逐渐加剧，风电平均利用时数逐年降低，2013～2016 年分别为 2114 小时、1991 小时、1865 小时和 1830 小时，已低于国家规定的最低保障利用时数，风电运行效益下滑。光伏发电也已出现局部弃光限发问题。

四、风电、光伏上新项目必须提前落实市场

对新能源的发展，也要掌控节奏，风电和光伏的项目，尤其是大基地项目，要提前落实市场空间，如果没有市场需求，这个项目就要晚点上马。"十三五"规划还提出来要把"全社会综合用能成本较低"作为一个能源发展的重要目标以及衡量标准，更加突出用能的经济性，打造低价能源优势。不能为了清洁低碳，而不计代价地发展更清洁但成本更高的能源，要逐步降低风电和光伏的价格水平和补贴标准。初步的想法是在 2020 年风电尝试能不能平价上网，跟火电的上网电价差不多，光伏达到平价销售。

五、天然气定价高，将改革价格形成机制

天然气价格不合理，导致用户"用不起"，"十三五"期间每年约有 800 亿立方米天然气"过剩"。对此，将改革天然气的价格形成机制。内蒙古自治区很缺天然气，但现在的问题是用不起。主要的应对措施是一方面要推动价格改革，天然气两端的价格，也就是出厂价和终端销售价要逐步放开，由市场来形成；另一方面中间输气、配气的价格也要逐步往下降，特别是支线配气价格现在还比较高，推高了终端价格，这方面可能需要做比较大的动作。

第三节　内蒙古自治区能源贸易与区域能源合作

一、进出口情况

2016 年，内蒙古自治区能源出口量为 38.38 万吨标准煤，进口量为 1781.15 万吨标准煤（见图 1–11），其主要是煤炭，其他少量。

（万吨标准煤）

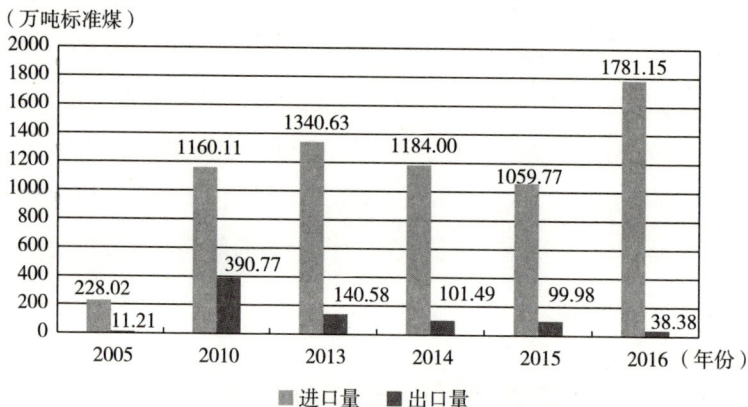

图 1–11　内蒙古自治区能源进出口情况

2016 年，内蒙古自治区进口煤为 2550.4 万吨，环比增加 86.3%，进口均价每吨为 246.2 元，上涨 6.9%。蒙古国和俄罗斯成为内蒙古自治区最主要的贸易伙伴。进口以资源性商品为主，外贸进口主要以矿砂等大宗资源性商品为主；出口主要以纺织服装和机电产品为主，但是出口降幅明显。在 2016 年，内蒙古自治区对俄罗斯进出口为 183.2 亿元，环比增长 10%，占 23.9%；内蒙古自治区对蒙古国进出口为 185.7 亿元。

2016 年，内蒙古自治区对俄罗斯和蒙古国两国贸易总值合计达 368.8 亿元，占同期内蒙古自治区外贸总值的 48.1%。民营企业（含私营企业、集体企业、个体工商户）成为进出口主力，进出口为 541.9 亿元，占比为 70.6%。

二、区域能源合作

1. 同安徽合作开展能源"北煤南运"战略

安徽省与内蒙古自治区政府进行能源战略合作，双方将按照"优势互补、长期合作、共谋发展"的原则，建立长期能源战略合作关系，促进两省区经济持续健康发展。内蒙古自治区政府积极支持本区企业参与煤矿、电力建设与发展；安徽省政府鼓励省内有实力的煤矿、电力、汽车制造等企业发挥技术、人才、资金、管理等优势到内蒙古自治区进行投资，参与内蒙古自治区"北电南送"特高压大通道、"北煤南运"铁路和煤炭基地等建设。同时，双方在教育、科技等领域加强合作，鼓励支持两省区高等院校、科研单位和企业深化产学研合作，相互开放和共享科教资源，推进合作交流，促进人才流动，共同推动科技成果转化应用。

2. 内蒙古自治区与江西之间要建南北运煤大通道

蒙西至华中地区铁路煤运通道获得国家发展和改革委员会批复，途经河南省三门峡、南阳等地，规划工期为五年，建成后将成为我国重要的一条南北运输大通道。此线路北起内蒙古自治区鄂尔多斯境内浩勒报吉南站，经乌审旗、靖边、延安、宜川、韩城、河津、万荣、运城、三门峡、卢氏、西峡、邓州、襄阳、荆门、荆州、江陵、公安、石首、华容、岳阳、平江、浏阳、铜鼓、新余，至京九铁路吉安站。线路全长 1806.5 千米，其中浩勒报吉至岳阳段双线长 1375.3 千米，岳阳至吉安段单线长 431.2 千米，全线共设车站 84 个，近期开站 78 个。

不仅如此，还将同步建设邓湖机务段、车辆段、大机维修基地等运输生产配套设施，鄂尔多斯、延安、三门峡、襄阳、岳阳、新余等地生产生活配套设施及北京综合配套基地。

这条铁路线途经河南省的三门峡卢氏县以及南阳市的西峡、邓州等地。项目投资估算总额为 1930.4 亿元，但购买车辆的钱占了四成左右，也就是说，机车车辆购置费为 772 亿元左右。

在所有出资的股东中，中国铁路建设投资公司出资最多，股份为 20%；河南铁路投资公司也是重要股东，占 3.5% 的股份。

该铁路建设工期为五年，部分配套设施也将同步建成，规划输送能力为每年 2 亿吨以上，在 2019 年后建成通车。该铁路通车后，将成为我国重要的一条南北运输大通道。

国家发展和改革委员会在批复中称，蒙西—华中铁路将连接蒙陕甘宁能源"金三角"地区与鄂湘赣等华中地区，有利于构建我国"北煤南运"铁路新通道、完善路网布局，开发蒙陕甘宁地区煤炭资源，保障鄂湘赣等华中地区能源供应，促进沿线经济社会发展，吸引民间资金投资建设铁路。

沿线内蒙古自治区、山西省、陕西省、河南省这些产煤大省运煤到湖南省、江西省这些耗煤大省，将产生极大的运输需求，这条铁路建成之后盈利毫无疑问。

3. 内蒙古自治区与哈萨克斯坦的能源合作

作为我国"一带一路"建设向北开放的重要窗口，内蒙古自治区在资源禀赋、区位条件等方面具有明显的比较优势，与"一带一路"沿线国家在能源领域合作空间广阔、潜力巨大。本次阿斯塔纳世博会中国馆内蒙古自治区活动周期间，内蒙古自治区与哈方能源产业合作及经贸洽谈、推介成果显著，双方能源企业信心大增。哈萨克斯坦资源丰富、发展潜力巨大，内蒙古自治区各盟市与阿特劳州等多个州之间存在广泛的发展共性，相信未来内蒙古自治区与哈萨克斯坦各地区的能源合作将大有可为。

作为国家重要的能源基地，内蒙古自治区煤炭产量占全国的1/4，居全国第一位，电力装机和外送电能力也居全国第一位，在国家能源战略中的地位举足轻重。近几年，内蒙古自治区新能源累计完成发电量1917亿千瓦时，相对于燃煤火电节约标煤6000万吨，减少排放烟尘7.8万吨、二氧化硫47万吨、二氧化碳16000万吨，节能减排效益显著。截至2016年底，内蒙古自治区风电装机规模为2550多万千瓦，居全国第一位，太阳能装机规模为630多万千瓦，居全国第四位，风电和太阳能装机占比达到28.9%，形成了以风电为主、光伏发电为辅的新能源发展格局。

内蒙古自治区风电供热项目、光伏设施农业项目、光伏治沙项目成为亮点。从2011年开始，内蒙古自治区开始在乌兰察布市、赤峰市、通辽市等地实施风电供热项目，冬季供暖期后夜时段用风电供热，既替代燃煤小锅炉，减少煤炭消耗量，减排煤炭运输、燃烧产生的污染物，又解决民生取暖需求。目前，内蒙古自治区风电供热项目已具备96万平方米的供热能力。为克服光伏发电项目占地面积较大的弊端，全区组织实施了光伏设施农业项目，在加固处理的农业大棚设施上布置光伏板进行发电，既实现土地综合利用，光伏板所发电力也可为农业大棚设施中的保温、保湿等设备提供电力，提高农业产量。此外，2011年，亿利资源集团在库布齐沙漠建设11万千瓦生态光伏发电项目，利用电池板挡风遮阴、减少地表蒸发量，在光伏组件间隙种植沙漠经济植物，养殖良种绵羊，既加速了沙漠植物的生长，也给沙漠养殖畜禽提供了庇护，同时畜禽粪便又提供了有机肥料，促进植物生长，生态循环效果良好，实现了治沙、种养殖、光伏发电的一体化发展。目前，亿利资源集团还在建 20 万千瓦光伏治沙项目，预计建成后可实现防风固沙两万亩。

哈萨克斯坦阿特劳州、曼格斯套州、西哈萨克斯坦州油气资源丰富，内蒙古自治区与哈萨克斯坦多个州在能源绿色发展、生态环境保护方面有很大的相互学习借鉴空间。内蒙古自治区与哈方企业签约 22 个、金额高达 20 亿美元的项目中，能源及相关领域占 70% 以上。

第四节　内蒙古自治区能源改革和发展的政策建议

一、加入清洁能源机制

破解可再生能源消纳难现象，可以在电改中引入清洁电力机制，即在电力传输的中端借鉴国际通行的绿色电力调度，在末端对各省清洁电力消费实行配额制。

绿色电力调度是一种国际化选择。在做电力采购的时候，将可再生能源的定价为零或者是一个很低的价格，使其在竞价排序的时候，永远排在最前面，电力用户最先使用的就是可再生能源，之后才是其他能源，这就可以使可再生能源多发多用。

可再生能源配额制是我国现阶段可以采取的一种选择。我国各地资源禀赋不同，有些地区可再生能源充沛，难以完全本地消纳，需要进行跨省传输。可以借助政策规定，各省清洁电力消费需占该省全年用电量一定的比重，比例不足则需要自行在电力市场跨省购买，以此来促进可再生能源跨省传输，扩大消纳范围。

二、能源系统转型

能源转型已经被上升到国家战略层面，但受制于能源结构禀赋以及新能源技术本身的瓶颈，中国在新能源推广上显得步履维艰。以"绿色能源与低碳经济"为主题的 2017 三亚国际能源论坛在海南举行，论坛认为煤炭作为主要的能源是造成大气污染原因之一，其导致在部分地区出现大面积污染天气，给人们的健康带来了威胁。要打赢蓝天保卫战，就必须认清我国作为能源消耗大国的现实，实施以气代煤代油的行动，探索新模式，尽快实现能源转型。

由于我国要实现大气改善目标和气候变化目标，内蒙古自治区的能源系统必然转型，而且转型速度还要很快。因而大规模发展可再生能源是一个基本趋势，现在不转型未来的成本会更高。这就需要全力促进可再生能源发展，打造一个适合大规模可再生能源接入的电力供应系统，且短期内就必须要开始规划和安排，同时统筹化石燃料发电的缩减，在避免大量社会问题出现的前提下合理安排燃煤电站的自然退出，避免大量的沉没成本。同时也要考虑适当的电价调整，适应燃煤电站更多的调峰措施，让燃煤电站在减少发电利用小时的情况下给予容量和调峰电价，构造一个在大规模可再生能源接入的情况下安全的能源供应系统。

能源转型面临诸多挑战，改革创新刻不容缓。从整体来看，无论是传统能源技术升级，还是新能源技术快速突破，我国能源工业都面临着从结构到技术、从管理到体制等一系列重大的挑战。能源转型是一个长期的过程，实现清洁低碳的现代能源体系的目标仍然需要解决一些深层次的矛盾和问题。

产能过剩的矛盾十分突出的同时，国内炼油企业还存在着集中度较低以及产品技术升级慢的瓶颈。世界石化产业显著的趋势是规模化和集群化，与石化强国相比，我国石化产业的规模化和集群化都有距离。

有资料显示，美国52%的炼油产能、95%的乙烯产能集中在墨西哥沿岸地区；日本85%的炼油产能、89%的乙烯产能分布于太平洋沿岸地区。韩国蔚山炼油能力为4200万吨、乙烯产能为340万吨；新加坡裕廊年炼油能力达6732万吨、乙烯产能为387万吨。镇海炼化是国内排名第一的炼化企业，年炼油能力达2300万吨，但在全球炼油能力2000万吨以上的企业中，其仅排名第18位，这正反映出我国炼化行业长期以来企业多、规模小、产业分布不合理的现实。我国目前共有炼油企业240多家，除了藏、黔、晋、渝四个省区市之外，其他各个省区市均建有炼厂，平均年产规模仅为308万吨，远低于742万吨的世界平均水平。

除此之外，我们还应正视这样一种严峻的现实：一方面，炼油产业产能严重过剩；另一方面，新建大型炼厂还在大兴土木。从"去产能"的痛苦经历中，我们应该获得一个沉痛的教训，绝不能用今天的投资去制造明天的灾难了。

我国新能源以及能源新技术面临着多元技术突破，需要加快进行战略性选择的严峻考验。2016年发布的《BP世界能源统计年鉴》显示，2016年中国已超过美国，成为全球最大可再生能源生产国，贡献了全球可再生能源增长的40%，超过经合组织的总增量，中国正引领着全球可再生能源的加速发展。

能源领域发生的变化，正在催生能源产业新的增长点，同时也向传统能源产业提出了加快战略性选择的要求。

我国传统石油化学工业面临着颠覆性技术突破的挑战，面对未来必须要有可持续发展的预案准备。目前，电动汽车的发展引人注目。面对新能源汽车的异军突起，传统石油化工是否陷入了发展危机，这需要引起石油化工行业，尤其是能源行业的高度重视和深入思考。传统石化能源工业何时何地以何种方式由能源型技术路线转变为化工原料型技术路线，这将是未来一段时间从业者必须回答的一道最现实的选择题。

目前，锂离子电池技术和制氢、储氢技术正在进行一场力争独占鳌头的创新竞赛。能源行业时刻处于变革中，传统能源产业的发展必须要有超前的战略思考，必须要有转型升级的战略预案，更要有可持续发展的战略技术储备。

三、积极推行混合所有制，深化国有企业改革

能源集团改制是未来发展的趋势。2016年，内蒙古自治区推进了多项国有企业改革工作，其中，重点对监管企业实施混合所有制项目20余个，当地最大的国企包钢集团混合所有制资产已达资产总额的2/3。在稳妥推进混合所有制改革的同时，内蒙古自治区加快完善现代企业制度，提升公司制、股份制改革力度，区直企业中集团层面公司制已超80%。进一步健全公司法人治理结构，60%以上的区直企业集团公司层面已建立董事会。另外，国有企业改革试点工作也在深入推进。围绕规范董事会建设、混合所有制改革、剥离企业办社会职能、企业内部三项制度改革等多个方面展开。

第五节 内蒙古自治区未来能源发展

管理向新能源架构的过渡并非易事。展望未来五年，围绕能源需求出现的许多相互冲突的情况，向一个更可持续、负担得起、安全和包容性更强的能源体系的过渡具有明显的必要性和紧迫性。经济和能源系统的数字化将对能源部门的行为者起到推动作用，尽管这也会导致管理的复杂性，尤其是从安全的角度看。

2010~2014年，世界能源消费的构成变化很小。在此期间，可再生能源（包括水电和生物燃料）增加1.4%，而液体燃料和天然气略有下降，煤炭消费量则增加0.2%。可再生能源在电力部门的崛起更为显著，2016年，可再生能源取代煤炭成为全球最大的发电量来源。电力供应仍然是一项重大挑战。世界上17%以上的人口仍然无法获得电力，同时，更多的人面临供应质量差的问题。虽然全球对可再生能源的投资有所增加，但自2011年达到顶峰以来，发达国家的投资有所下降。在联合国第二十一届年度缔约方会议之后，要实现"巴黎协定"中批准的宏伟目标，还有许多工作要做。2016年3月，全球二氧化碳含量在一个月内维持在百万分之四百以上，这是自有记录以来的第一次。

面对国际国内大环境，结合内蒙古自治区当前能源发展情况，对未来能源形势有如下判断：

第一，未来能源的发展将呈终端化、分布化趋势，以更好地满足用户多元化的、更高品质的用能需求为目标；并促进能源产消者模式（能源生产和消费一体化）的发展。

第二，智慧能源技术的进步使因地制宜、多能互补和产业互惠得以实施。（这意味着能源将更多地取自身边、就地利用，电网、管网的自然垄断将被跨越）

第三，各种能源品类、能源服务高度融合发展，单一类型能源企业向综合能源服务商转变，能源管理模式也必将对应改变（这意味着行业壁垒将被打破）。

第四，能源领域投融资模式同互联网金融创新的有机结合。

第五，均衡且环境友好型发展将成为更重要的衡量因素等。

总之，未来能源的发展将跨越自然垄断、跨越行业壁垒，最终实现环境友好、均衡发展的目标。未来能源大势所趋，能源企业、科研机构、监管机构均牵涉在内，而投融资机构则更为关注，事关前途，绝非寥寥数语可以言尽。

第 二 章

各行业可持续分析

　　2016 年 11 月，巴黎气候变化协议生效，这对国际社会集体加快向清洁能源经济转型的承诺来说，是一个具有里程碑意义的时刻。联合国 2030 年可持续发展议程和可持续发展目标的通过，也标志着再次强调需要负担得起的清洁能源。

　　在这种大环境下，改变煤炭能源结构、调整石化能源布局、加快清洁能源发展的转型，并利用这个良好的时间差，做好新能源的技术开发和推广工作。在石油跌价之时，加快煤炭能源结构的转型，鼓励更多的分布式新能源发展，加大天然气能源站、光伏电站、风力电站等新能源建设，以便在未来石油价格再一次高涨之时，充分发挥能源补充作用。在上述的局势下，内蒙古自治区煤炭、石油、天然气、电力、新能源等能源重点行业发展出现了新的局面。本章重点从运行现状进行分析，并在此基础上展望了各个行业的发展前景。

第一节　内蒙古自治区煤炭行业

一、2016 年我国煤炭经济运行形势分析

2016 年，国家推动供给侧结构性改革、化解过剩产能，煤炭供给得到有效控制，价格逐步企稳回暖。进入下半年，受全社会用电量增长、来水减少、公路治超、铁路运输紧张、迎峰度冬使用户补库意愿提高和社会资金炒作等多重因素叠加影响，煤炭价格快速上涨。面对煤炭市场出现的新情况、新问题，国家有关部门多策并举，及时出台先进产能释放措施，稳定市场供给。12 月以后，煤炭市场平稳运行，价格稳中有降。

1. 产量

2016 年全年累计原煤产量为 345000 万吨，同比下降 5.5%，降幅比 2015 年全年增大 0.6%；其中，国有重点煤矿产量累计完成 16.6 亿吨，同比减少 2.2 亿吨，下降 11.6%。

2016 年，山西省煤炭产量为 8.32 亿吨，同比减少 1.43 亿吨，减幅为 14.7%。

2016 年，陕西省累计生产原煤为 51151.37 万吨，同比减少 1494.61 万吨，下降 2.84%。

2016 年全年，河南省煤矿共生产原煤 10846.64 万吨，同比减少 1955.08 万吨，下降 15.27%。其中，骨干煤矿企业原煤产量为 10108.83 万吨，同比减少 1981.58 万吨，下降 16.39%。地方煤矿原煤产量为 737.81 万吨，同比增加 26.5 万吨，增长 3.73%。

2. 销量

2016 年全年，全国煤炭销量累计完成 327000 万吨，同比减少 24000 万吨，下降 6.9%，其中，国有重点煤矿累计煤炭销量完成 15.25 亿吨，同比减少 7800 万吨，下降 4.9%。

3. 运量

2016 年，全国铁路发运煤炭 19 亿吨，同比减少 9389 万吨，下降 4.7%。电煤累计发送量完成 13.44 亿吨，同比减少 3815 万吨，下降 2.8%。

铁路运量。截至 2016 年 12 月，全国铁路煤炭发送量完成 1.84 亿吨，同比增加 957 万吨，增长 5.5%；其中，电煤发送量完成 1.29 亿吨，同比减少 653 万吨，下降 4.8%。

铁路装车。截至 2016 年 12 月，国家铁路煤炭日均装车完成 60237 车，环比增加 2056 车，增长 3.5%，同比增加 3964 车，增长 7%；其中电煤装车为 37073 车，同比增加 373 车，增长 1.0%。

主要运煤通道煤炭发运量。中国煤炭资源网数据显示，2016 年 12 月，公司核心经营资产大秦线完成货物运输量 3841 万吨，同比增加 16.68%。较上月增加 82 万吨，增长 2.18%。12 月日均运量 124 万吨，较 11 月的 125 万吨减少 1 万吨。大秦线日均开行重车 85.1 列，其中，日均开行 2 万吨列车 58.5 列。1～12 月，大秦线累计完成货物运输量 35125 万吨，同比减少 11.52%。

主要港口煤炭发运情况。截至 2016 年 12 月，全国主要港口发运煤炭 5714 万吨，同比基本持平。2016 年全年累计发运煤炭为 6.44 亿吨，同比基本持平。其中，内贸煤炭发运完成 6.35 亿吨，同比下降 0.5%，外贸煤炭发运完成 819 万吨，同比增长 57.1%。

2016 年 12 月，秦皇岛港煤炭吞吐量为 1918 万吨，环比增加 271 万吨，增长 16.5%；同比减少 7 万吨，下降 0.4%。日均进港煤炭为 63.1 万吨，环比增加 1.0 万吨，增长 1.6%；同比增加 9.5 万吨，增长 17.7%；日均出港煤炭为 61.3 万吨，环比增加 6.4 万吨，增长 11.7%；同比减少 0.9 万吨，下降 1.4%。

4. 库存

中国煤炭资源网数据显示，截至 2016 年 12 月 31 日，全国重点发电企业日均供煤 368.8 万吨，较上月减少 35 万吨，下降 8.67%；日均耗煤 416.4 万吨，较上月增加 50.4 万吨，增长 13.77%。电厂存煤为 6545.9 万吨，比上月末减少 440 万吨，下降 6.3%。存煤可用 16 天，较上月减少 4 天。

运销协会数据快报显示，2016 年 12 月末，煤炭企业库存为 9300 万吨，环比减少 230 万吨，下降 2.45%；同比减少 3400 万吨，下降 27%。

5. 进出口

2016 年全年累计进口煤炭 2.56 亿吨，同比增加 5145 万吨，增长 25.2%（见图 2-1）。11 月进口煤炭为 2697 万吨，同比增加 1077.6 万吨，增长 66.56%，继上月之后，再创今年最高涨幅；环比增加 538.6 万吨，增长

24.96%。1~11月中国累计进口煤炭为22883万吨，同比增长22.7%。总金额为1190872.8万美元，同比增长6.1%。12月，全国煤炭进口为2684万吨，环比减少13万吨，下降0.48%，同比增加920万吨，增长52%（见图2-2）。

（万吨）

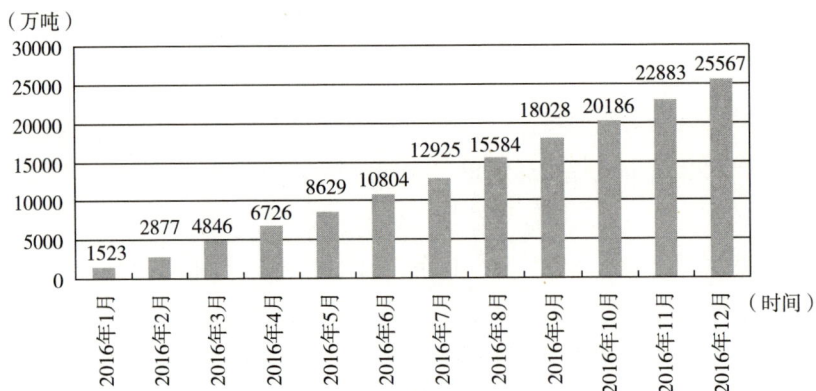

图2-1　2016年全国煤炭累计进口数量

（万吨）

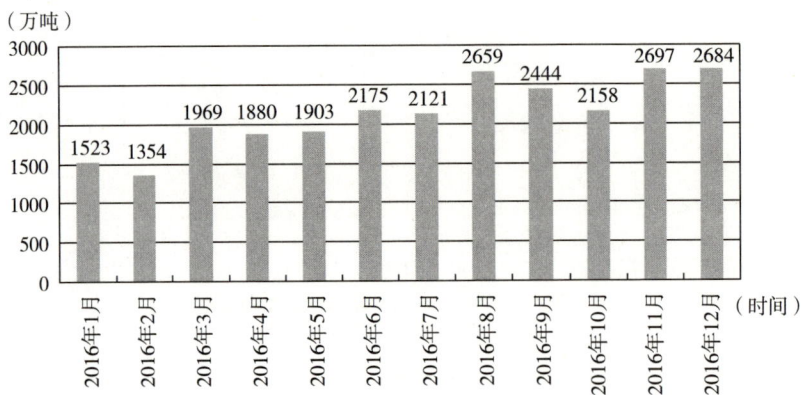

图2-2　2016年各月全国煤炭进口数量

2016年，全年累计出口煤炭878万吨，同比增长344万吨，增长64.5%（见图2-3），其中，11月出口煤炭为82万吨，同比增加46.8万吨，增长132.95%，环比减少8万吨，下降8.89%。1~11月全国共出口煤炭802万吨，同比增长63.7%，总金额61066.4万美元，同比增长33%；12月，全国出口煤炭 76 万吨，同比增加 32.1 万吨，增长 73%（见图 2-4）。

（万吨）

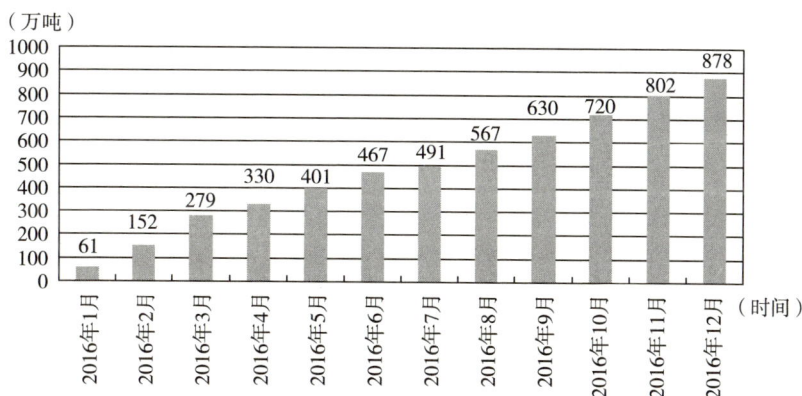

图 2-3　2016 年全国煤炭累计出口数量

（万吨）

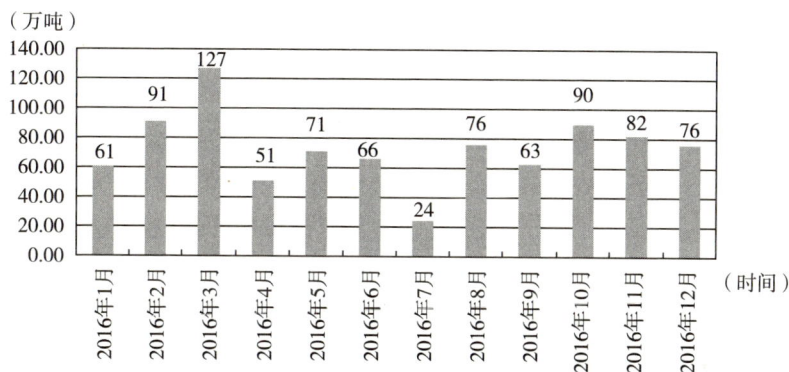

图 2-4　2016 年各月全国煤炭出口数量

从主要出口企业来看，神华集团 2016 年全年累计出口 306.7 万吨，同比增加 188.5 万吨，增长 159%；中煤集团累计出口 317 万吨，同比增加 65 万吨，增长 25.8%。

6. 煤炭价格

2016 年末，中国煤炭价格指数为 160 点，比年初下降 44.2 点，增幅 38.1%。秦皇岛港 5500 大卡市场动力煤平仓价为 639 元/吨，比年初回升 269 元/吨，增长 72.7%；其中，上半年价格回升 30 元/吨，7～11 月回升 300 元/吨，11～12 月价格下降了 60 元/吨。山西焦肥精煤综合售价为 1489 元/吨，比年初回升 920 元/吨，增长 161.7% 。

如图 2 - 5 所示，2016 年全国煤炭进口金额呈现逐渐增长趋势。2016 年 1 ~ 5 月，煤炭进口金额均在 10 亿美元以下；2016 年 6 ~ 10 月，煤炭进口金额在 10 亿 ~ 15 亿美元之间；2016 年 11 月，煤炭进口金额超 17 亿美元；2016 年 12 月，煤炭进口金额超过 22 亿美元。

（亿美元）

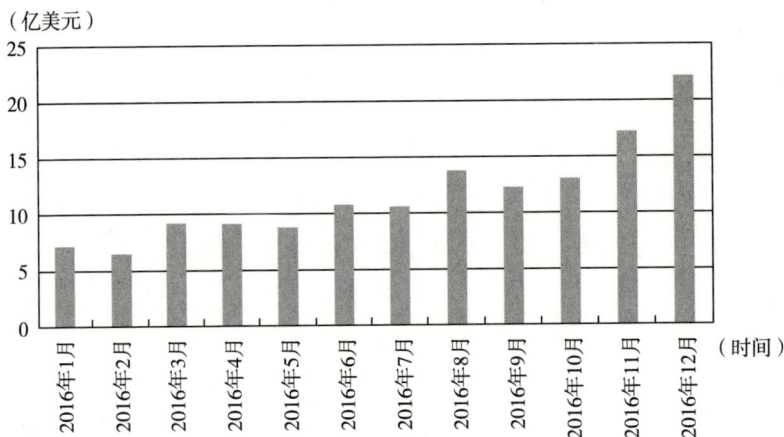

图 2 - 5　2016 年全国煤炭进口金额

7. 固定资产投资

自 2006 年以来，全国煤炭投资累计完成 3.6 万亿元，累计新增产能近 30 亿吨，期中，"十二五"期间累计投资 2.35 万亿元，年均投资近 5000 亿元。据国家能源局统计，截至 2015 年底，全国煤矿总规模为 57 亿吨，其中，正常生产及改造的煤矿为 39 亿吨、停产煤矿为 3.08 亿吨、新建、改扩建煤矿 14.96 亿吨，约 8 亿吨属于未经核准的违规项目。如果按照煤炭行业有效产能 47 亿吨、2015 年原煤产量 37 亿吨计算，中国煤炭产能利用率只有 78.8% 。

2016 年，全国煤炭开采和洗选业固定资产投资为 3038 亿元，同比下降 24.2% ，降幅较上月增加 1 个百分点。2016 年 1 ~ 12 月，民间煤炭开采和洗选业固定资产投资为 1864 亿元，同比下降 18.3% ，降幅较上月增加 1.8 个百分点。2016 年不论是全国还是民间，在煤炭开采和洗选业的投资都持续下降，并且降幅较 2015 年有所扩大。

二、2016 年内蒙古自治区煤炭行业发展现状

内蒙古自治区经济和信息化委员会日前发布《内蒙古自治区煤炭工业转型发展行动计划（2017—2020 年）》（以下简称《行动计划》）内容显示，当前，全区现有煤矿 589 处、产能 13 亿吨。

近十余年来，内蒙古自治区煤炭工业取得了长足进步，行业面貌发生巨大变化，在国民经济和社会发展中发挥了重要作用。当前，煤炭产能过剩严重，煤炭经济运行形势严峻。"十三五"期间及相当长的一段时间，煤炭行业仍将面临中高速增长常态化、能源需求强度下降、能源结构低碳化发展、煤炭开发和利用环境制约增强等不利因素。面对新形势和新变化，煤炭工业应认真贯彻落实党的十八大以来有关会议精神和战略部署，深入推进煤炭领域革命，促进煤炭业健康稳定可持续发展。

1. 内蒙古自治区已查明煤炭资源量

截至 2016 年底，内蒙古自治区累计查明煤炭资源量为 10246 亿吨，其中，内蒙古自治区地质勘察基金项目查明为 6515 亿吨，占全区累计查明煤炭总资源量的 63.6%。内蒙古自治区现有煤炭产能 11.4 亿吨，产量 8.5 亿吨，约占全国的 1/4，是国内煤炭资源的主产地。近年来，随着国家化解煤炭过剩产能政策的深入推进，内蒙古自治区原煤产量已由 2011 年的 98441 万吨减少到 2016 年的 83828 万吨。

近年来，内蒙古自治区还新发现了金、钼、白云岩等一批非煤大宗矿产大中型矿床，新增储量巨大。截至 2016 年底，内蒙古自治区找矿成功率达 7.12%，远超世界 2%~4% 的平均找矿成功率。

2. 内蒙古自治区原煤产量

2016 年，内蒙古自治区原煤产量达到 8.46 亿吨，同比有所下降，产量仅次于山西，居于全国前列。同时，天然气产量为 299.2 亿立方米，增长 3.2%。2016 年以来，内蒙古自治区煤炭产量出现恢复性增长。国家统计局数据显示，2016 年上半年，内蒙古自治区煤炭产量达到 4.6 亿吨，同比增长 13.8%。

（1）内蒙古自治区煤炭产业发展年际变化。内蒙古自治区煤炭产量在 1995~2000 年平稳发展；2005~2012 年开始快速增长，从图 2-6 中可以看出，到 2012 年产量增长开始放缓，其原因首先是由于煤炭行业整合，关停了很多中小型煤炭

企业，使产量受到了一定的影响；其次是由于受我国经济低迷、各行业对煤炭需求疲软的影响，自2012年以来煤炭资源价格下跌，部分煤炭企业减缓了对煤炭的生产，转向了对其他产业的投资。

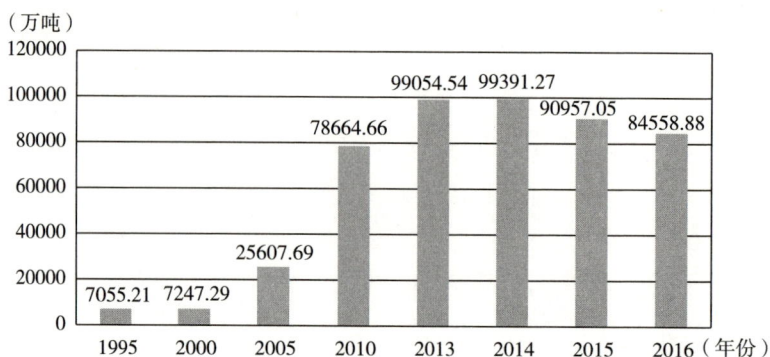

图 2 - 6　1995 ~ 2016 年内蒙古自治区原煤产量

（2）煤炭工业情况。2016 年，煤炭保有储量为 4173.57 亿吨，全年内蒙古自治区规模以上工业累计生产原煤为 83827.87 万吨，同比下降 8.1%，降幅较前 11 个月收窄 1.4 个百分点。2016 年 12 月，内蒙古自治区规模以上工业原煤当月生产量为 8133.89 万吨，日均产量创年内新高。原煤产量同比增长 8.2%，较 11 月加快 4.6 个百分点，同比增长速度达到全年最高。2016 年 6 ~ 10 月，内蒙古自治区原煤产量同比降幅表现较为平稳；受适度释放产能政策影响，在 11 月，一些原煤生产企业开始释放产能，同比降幅有所趋缓；1 ~ 12 月原煤同比降幅继续收窄，煤炭供应紧张的局面有所缓解。2016 年内蒙古自治区煤炭开采和洗选业能源消费总量为 749.96 万吨标准煤。其中，煤炭消费 2399.45 万吨，焦炭消费 61.82 万吨，汽油消费 1.18 万吨，煤油消费 0.01 万吨，柴油消费 60.33 万吨，燃料油消费 0.41 万吨，电力消费 76.37 亿千瓦时（见表 2 - 1）。

表 2 - 1　2016 年内蒙古自治区煤炭开采和洗选业消费

行业	煤炭开采和洗选业
能源消费总量（万吨标准煤）	749.96
煤炭消费量（万吨）	2399.45
焦炭消费量（万吨）	61.82

行业	煤炭开采和洗选业
汽油消费量（万吨）	1.18
煤油消费量（万吨）	0.01
柴油消费量（万吨）	60.33
燃料油消费量（万吨）	0.41
电力消费量（亿千瓦时）	76.37

专栏1

2017年内蒙古自治区关闭16处煤矿，产能达810万吨/年

内蒙古自治区经济和信息化委员会日前发布的《2017年内蒙古自治区关闭退出煤矿名单（化解煤炭过剩产能公告〔2017〕2号）》显示，2017年内蒙古自治区关闭16处煤矿，产能达810万吨/年。

公告表示，为贯彻落实《国务院关于煤炭行业化解过剩产能实现脱困发展的意见》（国发〔2016〕7号）精神，化解煤炭行业过剩产能，经内蒙古自治区人民政府同意，2017年对包头市杨圪塄矿业有限公司平顶山露天煤矿等16处煤矿实施关闭。

公告提出，请发改、国土、煤监、工商、公安、煤炭、环保、水利等相关部门，根据管理权限，按照退出时间，对相关证照、批复文件予以注（吊、撤）销，并进行公告；停止对其生产供电、供水。

根据公告，16处煤矿全部为生产煤矿，位于包头、呼伦贝尔、赤峰、鄂尔多斯等市，退出时间为2017年6~9月。退出名单如表2-2所示。

表2-2 2017年内蒙古自治区关闭退出煤矿名单

煤矿名称	地址	生产（在建）	设计（核定）能力（万吨/年）	退出时间
包头市杨圪塄矿业有限公司平顶山露天煤矿	包头市东河区	生产	60	2017年9月
内蒙古牙克石五九煤炭（集团）有限责任公司三矿	呼伦贝尔市牙克石市	生产	30	2017年8月

续表

煤矿名称	地址	生产（在建）	设计（核定）能力（万吨/年）	退出时间
阿鲁科尔沁旗温都花煤炭有限责任公司	阿鲁科尔沁旗阿旗扎嘎斯台镇温都花嘎查	生产	45	2017 年 6 月
喀喇沁旗新利煤矿	赤峰市喀喇沁旗牛营子镇	生产	30	2017 年 6 月
巴林右旗塔布花煤矿有限责任公司	赤峰市巴林右旗查干沐沦镇	生产	30	2017 年 6 月
元宝山区五家镇第二联营煤矿	赤峰市元宝山区	生产	30	2017 年 6 月
赤峰宝山能源（集团）铁东煤业有限责任公司	赤峰市元宝山区元宝山镇	生产	30	2017 年 6 月
赤峰元宝山区刘家店元通煤业有限公司	赤峰市元宝山区元宝山镇	生产	30	2017 年 6 月
元宝山区五家镇房身村第三煤矿	赤峰市元宝山区	生产	30	2017 年 6 月
内蒙古伊泰煤炭股份有限公司阳湾沟煤矿	鄂尔多斯市准格尔旗	生产	120	2017 年 9 月
内蒙古伊泰煤炭股份有限公司诚意煤矿	鄂尔多斯市准格尔旗	生产	120	2017 年 9 月
内蒙古伊泰煤炭股份有限公司富华煤矿	鄂尔多斯市伊金霍洛旗	生产	60	2017 年 9 月
酸刺沟煤炭有限公司露天煤矿	鄂尔多斯市东胜区	生产	60	2017 年 9 月
内蒙古自治区监狱管理局京蒙煤矿	鄂尔多斯市伊金霍洛旗	生产	60	2017 年 7 月
内蒙古广纳煤业（集团）有限责任公司广纳煤矿	鄂尔多斯市鄂托克旗	生产	30	2017 年 6 月
内蒙古鄂尔多斯煤炭有限责任公司阿尔巴斯一矿	鄂尔多斯市鄂托克旗	生产	45	2017 年 7 月

分品种看，2016 年，生产无烟煤为 606.05 万吨，同比下降 17.2%；生产炼焦烟煤为 2162.79 万吨，同比下降 15.5%；生产一般烟煤为 48583.78 万吨，同比下降 7.0%；生产褐煤为 32475.25 万吨，同比下降 9.0%。

分地区看，2016 年，内蒙古自治区 12 个盟市原煤产量排在前 3 位的是鄂尔多斯市、锡林郭勒盟、呼伦贝尔市，三个盟市的原煤产量均呈下降态势。其中，鄂尔多斯市生产原煤为 56816.19 万吨，同比下降 8.2%，产量占全区比重的 67.8%；锡林郭勒盟生产原煤为 8137.10 万吨，同比下降 2.7%；呼伦贝尔市生产原煤为 8026.56 万吨，同比下降 5.6%。

此外，2016 年，内蒙古自治区规模以上工业生产洗煤为 7667.91 万吨，同比下降 0.2%，其中，生产用于炼焦的洗精煤为 3125.86 万吨，同比下降 7.0%。鄂尔多斯市洗煤产量在本年超过乌海市，成为全区第一大洗煤产地，生产洗煤为 2804.68 吨，同比增长 2.6%，产量占全区比重的 36.6%。

2016 年，内蒙古自治区规模以上工业生产焦炭为 2816.72 万吨，同比下降 7.4%。分地区看，乌海市生产焦炭为 856.61 万吨，同比下降 11.6%，产量占全区比重的 30.4%；鄂尔多斯市生产焦炭为 831.49 万吨，同比增长 6.6%，产量占全区比重的 29.5%。

三、2016 年内蒙古自治区煤炭进出口情况

2016 年，煤炭资源储量全国第一的内蒙古自治区进口煤为 2550.4 万吨，增加 86.3%，进口均价为每吨 246.2 元，上涨 6.9%。蒙古国和俄罗斯成为内蒙古自治区最主要的贸易伙伴。进口以资源性商品为主，外贸进口主要以矿砂等大宗资源性商品为主；出口主要以纺织服装和机电产品为主，但是出口降幅明显。2016 年，内蒙古自治区对俄罗斯进出口 183.2 亿元，增长 10%，占 23.9%；内蒙古自治区对蒙古国进出口为 185.7 亿元。

2016 年，内蒙古自治区对俄罗斯和蒙古国两国贸易总值合计达 368.8 亿元，占同期内蒙古自治区外贸总值的 48.1%，民营企业（含私营企业、集体企业、个体工商户）成为进出口主力，进出口为 541.9 亿元，占比为 70.6%。

此外，2016 年，内蒙古自治区进口铁矿砂及其精矿为 973.8 万吨，进口均价为每吨 305.4 元；进口锯材为 556.2 万吨，增加 28.1%，进口均价为每吨 1402.9 元；进口原木为 339.1 万吨，进口均价为每吨 848.2 元；进口铜矿砂为 125.5 万吨，进口均价为每吨 7657.5 元。

四、煤炭消费需求的变化

表 2-3 列出了 2010~2016 年内蒙古自治区各行业对煤炭资源的消费情况，2016 年煤炭消费总量为 36675.32 万吨，同比增长 0.48%。2014 年，中国煤炭消费出现 10 年来首次负增长，产能严重过剩，库存居高不下，价格大幅下降。国家对煤炭行业加大了调控力度，出台了消费总量控制、产业结构优化、推进市场化改革等政策措施。

表 2-3　2010～2016 年内蒙古自治区煤炭资源消费情况　单位：万吨，%

部门 \ 年份		2010	2011	2012	2013	2014	2015	2016
终端消费	工业	2684.29	3832.62	2943.17	3925.36	3578.52	4459.5	5367.67
	占比	9.94	11.05	8.04	10.24	9.81	24.61	20.36
	其他	3649.18	3817.79	4368.41	4692.00	3438.25	—	—
	占比	13.51	11.01	11.93	12.24	9.42		
中间消费	发电	13953.22	19186.31	20261.65	19990.31	19366.5	19131.53	19037.71
	占比	51.67	55.32	55.33	52.17	53.11	-1.21	-0.49
	供热	1816.96	1784.33	2252.21	2252.99	2320.41	2563.88	2858.95
	占比	6.73	5.14	6.15	5.88	6.36	10.49	11.51
	炼焦	3009.79	3662.76	3831.50	4395.82	4732.18	4444.40	4004.02
	占比	11.15	10.56	10.46	11.47	12.98	-6.08	-9.91
	制气	7.12	7.28	8.72	7.24	—	362.79	484.18
	占比	0.03	0.02	0.02	0.02	—		33.46
消费总量		27004.04	34683.51	36620.48	38320.85	36465.97	36499.76	36675.32
同比增加		—	28.44	5.58	4.64	-4.73	0.09	0.48

注：终端消费中的其他包括农、林、牧、渔业，建筑业，交通运输、仓储及邮电通信业，批发、零售业和住宿餐饮业，生活消费等。

资料来源：《内蒙古统计年鉴》。

从总量上看，煤炭资源消费总体在缓慢增加，2016 年下降到与 2012 年的消费量相近，各年度同比上一年的增长率却呈现出了明显下降的趋势。2011 年比 2010 年同比增加了 28.44%，但 2012 年比 2011 年同比仅增长了 5.58%，2014 年比 2013 年同比减少了 4.73%。其主要原因是在全球金融危机及国内经济放缓和结构调整的影响下，造成了内需不振，外需疲软，煤炭供过于求，造成产能过剩的情况。2014～2016 年内蒙古自治区的煤炭资源消费情况呈现了上升趋势。

如图 2-7 所示，在各行业的煤炭消费中，工业和电力的消费占了很大的比例，平均占到了 65% 以上，其中，工业对煤炭资源的消费比例从 2010 年开始迅速下降，到 2012 年下降为历史最低，电力消费也从 2012 年开始有所下降，2014 年恢复到 2012 年水平。

在当前煤炭市场持续低迷的形势下，新增外销量较为困难。未来，内蒙古自治区新增的煤炭产量消化途径已寄予特高压电力通道的电源点和重大煤化工项目，

（万吨煤）

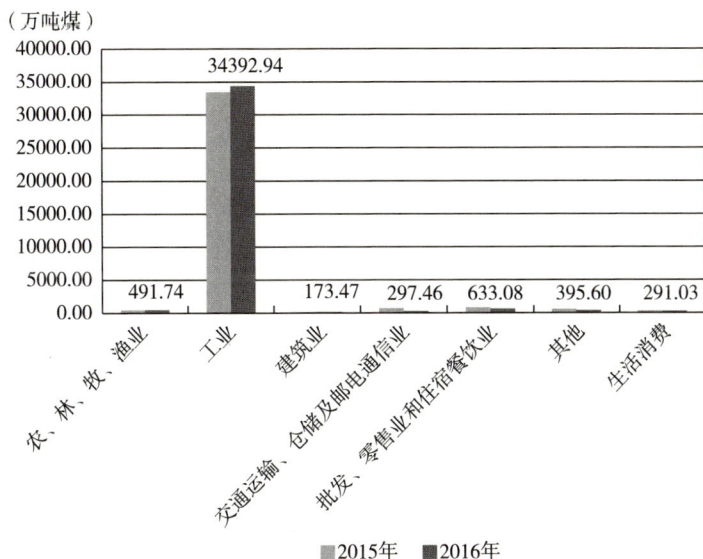

图2－7　各行业煤炭消费占年度总消费的比例

这些重大项目预计2016年陆续投产，2018年可全部建成投产，届时内蒙古自治区总体煤炭转化量预计将达到7亿吨，煤炭产能过剩的现状将得到有效解决，基本能实现供需平衡。内蒙古自治区不断加强煤炭国际合作，抓住国家正在实施的"一带一路"倡议，发挥自身煤炭开发装备和技术优势，大力实施"走出去"战略，支持区内煤炭企业开发境外煤炭资源，鼓励煤炭企业开展对外工程承包和技术服务，带动先进技术和大型装备出口，以增强全区煤炭企业在国际国内煤炭市场上的竞争力。

煤炭行业的供需情况变化。表2－4给出了内蒙古自治区近17年来煤炭行业的供需情况，从煤炭的生产量来看，自2005年以来，对煤炭的生产速度明显加快，到2012年生产量开始下落，煤炭产能增幅回落，其主要原因是由于煤炭市场不景气，而使其处于推迟投产或闲置状态。煤炭的进口在2013年开始减少，出口从2011年也开始减少。国内方面由于受到新兴经济体不景气的影响，对煤炭的需求量明显下降，因此对煤炭的进口量逐渐减少。就其对煤炭需求的平衡状况来看，内蒙古自治区受到中国煤炭供需的影响，自2003年起，煤炭的供应由过剩转为紧张，使2005年煤炭价格快速上涨，在利益的驱使下，各大煤炭及相关企业纷纷在内蒙古自治区抢占煤炭资源，加大资金投入，迅速集聚了巨大的煤炭产能。2010 年以后，由于受全球金融危机的影响，中国对煤炭的需求量在不断下降，但是，受到短期利益的驱使，煤炭行业仍在盲目扩张生产，造成产能过剩，从而导致煤炭价格下降，2014～2016 年供需达到平衡，其原因为煤炭企业以市场导向开采煤炭。

表 2 - 4　2000～2016 年煤炭的供需状况　　　　　　　单位：万吨

年份	生产量	进口量	出口量	供应量	消费	供需差
2000	7247.29	—	197.59	5817.19	5739.52	77.67
2005	25607.69	248.80	—	13706.67	13953.78	-247.11
2010	78664.66	1638.66	589.79	27016.94	27004.04	12.90
2011	97961.00	2070.00	304.00	34687.11	34683.51	3.60
2012	104190.90	2211.34	182.70	36621.48	36620.48	1.00
2013	103469.42	1808.04	244.40	38320.84	38320.85	-0.01
2014	99391.27	1670.72	160.64	36465.97	36465.97	0.00
2015	90957.05	1402.90	118.21	36499.76	36499.76	0.00
2016	84558.88	2550.37	—	36675.32	36675.32	0.00

资料来源：《内蒙古统计年鉴》。

五、推进内蒙古自治区煤炭工业发展的对策措施

1. 煤炭的清洁高效可持续开发利用对策

第一，煤炭的科学开发应该放在首要位置，这需要建立科学产能综合评价指标体系，提升科学产能比例。对于目前存在的随意开发煤矿的现状，应该按照"符合标准准予开采，新建矿井达标建设，不达标准升级改造，不可改造强制退出"的思路，煤炭开发总量控制在 9 亿吨以内。保持现有 1/3 达到科学产能标准的矿井，改造 1/3 未达标矿井，逐步淘汰 1/3 落后和不可改造产能，实现科学产能标准的矿井所占比重逐年上升，到 2020 年达到 70%；到 2030 年，可达到 85%。

第二，全面提高煤炭供应质量。目前在大气污染物中，由煤炭相关产业生成的污染物占了较大比重。中国现有商品煤洁配度为 25%，而美国高达 60%。按照洁配度即煤炭质量和满足用煤设备煤质要求的程度测算，每亿吨标准煤洁配度提高 1 个百分点，年可节约 17 万吨标准煤，减排二氧化硫约 1.1 万吨，减排二氧化碳约 38 万吨。故此，内蒙古自治区要推行煤炭全面洗选，提升煤炭洁配度水平，推进煤炭分质、分级利用，减少无效运输和污染物排放。2020年，商品煤洁配度达到42%，动力煤入选率达到70%，煤炭提质加工比例达到70%，电力用煤占消费总量的比重达到55%以上。2030年，商品煤洁配度达到54%，动力配煤基本实现精细化，煤炭提质加工比例达到80%，电力用煤占消费总量的比重达到60%。

第三，要整体提升煤炭发电水平。从能量转换效率、环境影响和投资成本等方面分析，整体煤气化联合循环发电、超临界发电和分级转化发电各具优势，要因地制宜、统筹发展。

第四，有序推进煤炭转化升级。现代煤化工是内蒙古自治区煤炭清洁利用的重要途径。优先在鄂尔多斯市、锡林郭勒盟、霍林河市等区发展现代煤化工，严格限制在煤炭净调入地区和水资源匮乏地区发展煤化工。

第五，统筹优化煤炭输运模式、强化煤炭行业节能减排、提升煤炭科技创新能力三个方面也很重要。

第六，加强煤炭开发利用的宏观政策调控尤为必要。要统筹考虑电煤基地、铁路规划、电源布局和电网规划；加强对煤炭输配准入资质的监管；健全煤炭成本核算制度，完善价格形成机制；推进煤炭清洁转化利用的节能减排长效机制；强化能效管理和监督，完善节能评估、节能考核、节能监督制度；加大节能专项资金支持力度，对重点节能技术研发、节能工程给予补助或贷款贴息支持；制定科学合理的污染排放控制标准体系等。

2. 全面推进煤炭工业健康持续发展

内蒙古自治区煤炭系统坚持以"控制产量、稳定价格、优化结构、转型升级、清洁高效、安全生产"为目标，积极适应新常态，实施新举措，进一步优化煤炭产业结构，夯实煤矿安全生产基础，全面推进煤炭工业健康持续发展。

（1）全力抓好安全生产。以贯彻新《安全生产法》为契机，开展安全生产月、知识竞赛等主题实践活动，使企业牢固树立"发展决不能以牺牲人的生命为代价"的思想。明确主体责任，督查落实好《内蒙古自治区安全生产"党政同责一岗双责"暂行办法》。持续开展隐患排查治理和"打非治违"专项行动，做到排查不留死角、整治不留后患；深化对重点地区、矿区的督查执法，严厉打击未批先建、无证生产、"三超"等非法违法行为。扎实做好隐蔽致灾因素防治工作，加强"一通三防"管理，严格瓦斯防治能力评估、等级鉴定等环节，做到系统合理、设施完好、风量充足、风流稳定，确保安全。2016 年力争内蒙古自治区煤企全部达到新的标准，一级煤矿达到 70%。加强"三项岗位人员"和全员的培训教育，严格实施教考分离制度，切实培养抓安全工作的能手。

（2）依法规范经营秩序。严格生产能力核定，建立窗口受理、限时办理制度，加强产能登记、公告工作，建立网上实时监测监控，强化事中、事后监管；发挥企业间相互监督的作用，建立"黑名单"制度，坚决打击违法违规建设生产行为。积极推动煤炭企业纵向重组和兼并重组，出台重组支持政策，年内争取促成 10 户企业上下游间重组，为企业发展增加活力。

（3）切实搞好生态治理。按照"统筹兼顾、突出重点、预防为主、过程控制、综合治理"的原则，制定煤炭开发与生态治理、环境保护的标准和办法，建立健全煤炭开采、生态补偿机制和专项资金制度，构筑煤炭开发"事前防范、过程控制、事后处置"的生态环境保护防线，做到"渐还旧账、不欠新账"，使矿区生态环境明显好转。

（4）全面推动煤炭工业信息化建设。搞好顶层设计，建立生产、安全、销售及其他融合的信息平台。完善经济运行监测及信息统计机制，实现煤炭产量数字化动态调控，引导行业自律。建立煤炭市场体系和交易平台，推进传统产运需衔接方式向电子化网上交易模式转变，在更大范围内优化配置煤炭资源。

（5）强力推进简政放权各项措施落实。推行受理审查分离制度，规范项目审批流程，明确审批条件、程序和办结时限，实行阳光审批，避免煤矿企业与具体审查人员暗箱操作等违规行为的发生。进一步界定各级的监管责任，确保每一项取消下放的行政审批落到实处。

第二节　内蒙古自治区石油天然气

一、中国石油天然气行业运行情况

目前，中国原油产量居世界第五位，约占全球原油产量的 4.7%。2016 年，中国原油产量为 2 亿吨，这是自 2010 年以来连续六年稳定在 2 亿吨以上；原油加工量为 5.4 亿吨，较 2010 年增长 1.9%。中国炼油能力在世界排名第二，仅次于美国。中国天然气的产量排名世界第六，约占全球天然气产量的 3.8%；2016

年，中国天然气产量为 1368.3 亿立方米，自 2010 年以来，以年均 6.7% 的速度快速增长。

与此同时，中国已成为全球原油和天然气消费大国。2016 年，中国原油表观消费量达到 5.78 亿吨，原油消费量世界排名第二，仅次于美国；天然气表观消费量为 2058 亿立方米，在一次能源消费中的占比增至 6.4%。在天然气消费结构中，工业燃料、城市燃气、发电、化工分别占 38%、32.5%、14.7%、14.6%，与 2010 年相比，城市燃气、工业燃料用气占比增加，化工和发电用气占比有所下降。

天然气是中国推动能源生产和消费革命、实现绿色低碳发展的重要基础，按照中国能源发展"十三五"规划，2020 年天然气在一次能源消费中的占比要力争达到 10%。中国拥有 13.7 亿人口，按照 2015 年约 2100 亿立方米的天然气消费总量测算，现在涵盖的人口是 4 亿多，仅满足了中国 1/3 人口的需求，还有 2/3 的市场尚待进一步开拓，华北、华中严重的"气荒"状况，也再一次证明中国天然气市场潜力十分巨大。

2016 年，中国石油集团经济技术研究院发布的《2016 年国内外油气行业发展报告》显示，全球天然气消费与供应延续了 2015 年的回升增长态势，管道气带动全球天然气贸易量回弹。因为全球市场宽松，天然气贸易价格继续下跌，且"亚洲溢价"持续收窄。中国天然气发电产业起步较晚，21 世纪初，伴随天然气管道等基础设施大规模建设，才取得一定进展。截至 2015 年底，中国燃气发电装机容量约为 6637 万千瓦，占中国发电总装机容量的 4.45%，天然气发电量为 1658 亿千瓦时，占中国总发电量的 2.95%，远低于世界平均水平。

2016 年，受油价持续低迷影响，石油公司被迫关停低效井、削减高成本油田产量，导致中国油气资源勘查开采投资和实物工作量大幅下降，但仍然在中西部和海域获得一批勘查突破，基础地质调查评价取得重要进展。石油新增探明地质储量 10 年来首次降至 10 亿吨以下，天然气连续 14 年超过 5000 亿立方米。石油产量下降明显，仍保持在 2.0 亿吨水平；天然气产量小幅下降，煤层气、页岩气产量均创历史新高。

1. 石油

（1）储量。2016 年，受油价持续低迷影响，中国油气资源勘查开采投资和实物工作量大幅下滑。中国油气勘查、开采投资分别为 527.5 亿元和 1333.4 亿元，同比下降 12.1% 和 29.6%，比 2007 年还分别下降了 14.4 亿元和 197.4 亿元，回到了 10 年前的水平；采集二维地震 5.29 万平方千米、三维地震 2.65 万平方千米，同比分别下降 37.4% 和 20.0%；完成探井 2715 口和开发井 15368 口，同比下降 10.2% 和 23.5%。

2016 年，中国石油新增探明地质储量为 9.14 亿吨，10 年来首次降至 10 亿吨以下。其中，大于 1 亿吨的盆地 2 个，分别为鄂尔多斯和渤海湾盆地海域；大于 1 亿吨的油田 2 个，分别为鄂尔多斯盆地的南梁和环江油田。截至 2016 年底，中国石油累计探明地质储量为 381.02 亿吨，剩余技术可采储量为 35.01 亿吨，剩余经济可采储量为 25.36 亿吨，储采比 12.7。南方页岩气调查开辟 6 万平方千米新区，拓展 9 套新层系，圈定 10 处远景区、优选 14 个有利勘查区块，取得贵州遵义安页 1 井、湖北宜昌鄂宜页 1 井等页岩气勘查重大突破。北方新区新层系油气调查开辟了 50 万平方千米勘查新区，拓展 3 套油气勘查新层系，圈定 20 处油气远景区。

常规油气勘查发现主要集中在鄂尔多斯、四川、准噶尔、塔里木等中西部盆地和海域。鄂尔多斯盆地继续保持储量高增长态势，在陇东地区新增南梁和环江两个亿吨级油田，苏里格地区新增天然气探明地质储量为 3111 亿立方米，占中国新增储量的 40%。四川盆地川安岳气田新增天然气探明储量为 1528 亿立方米，逐步成为万亿方级大气区，盆地西北部双探 3 井首次在泥盆系观雾山组取得天然气勘探新发现。塔里木盆地顺北地区石油勘探的成功，实现了"塔河之外找塔河"的战略构想。准噶尔盆地玛湖凹陷接连取得二叠系、三叠系石油勘探重要发现，形成亿吨级储量规模区。渤海海域蓬莱 20 - 2、曹妃甸 12 - 6 和垦利 16 - 1 油田新增石油探明地质储量 1.2 亿吨。

（2）原油加工量。原油加工量在 2014 年首次突破 5 亿吨，2016 年达 54101 万吨，比上年增长 3.6%。在国内需求增长有限的情况下，成品油出口增长较快，汽油、柴油和煤油出口量分别增长 64.5%、115.1% 和 6.0%。分地区看，辽宁、山东、广东三省合计占中国原油加工量的 41.0%，其中，山东省成为首个原油加工量突破亿吨的地区，全年加工量为 10120 万吨，辽宁省和广东省分列第二、第三位，全年加工量分别为 7022 万吨和 5018 万吨。

（3）产量。2016 年，中国石油产量稳中有降，全年生产石油 1.996 亿吨，是 2011 年以来首次降至 2 亿吨以下，产量大于 1000 万吨的盆地有渤海湾（含海域）、松辽、鄂尔多斯、珠江口、准噶尔和塔里木盆地，合计 1.84 亿吨，占中国总量的 92.2%。

2. 天然气

能源低碳、高效已成为推动世界经济社会可持续发展的首选，天然气作为一种优质、低碳、高效能源备受青睐。在煤、石油、天然气三大化石能源中，天然气含氢比例最低，热能利用效率高，相同质量条件下热值最高，碳排放量仅为煤炭的一半。

管道天然气主要成分是甲烷（CH_4），无色、无味。天然气一般是干气，成分以甲烷为主，基本不含杂质，热值高、火焰传播速度慢、输送压力高。因为其无色、无味的特性所以在输送中人为加入特殊臭味以便泄漏时可及时察觉，它无毒且无腐蚀性，点燃生成水，天然气要比空气轻，在泄漏时会飘浮于空气之中，它比液化的石油气容易扩散，天然气的安全性比其他燃气更好。

（1）储量。截至 2016 年底，中国累计探明天然气地质储量为 13.74 万亿立方米，剩余技术可采储量为 5.44 万亿立方米，剩余经济可采储量为 3.93 万亿立方米，储采比 31.9。中国已探明油气田为 993 个，其中，油田 722 个，气田 271 个。累计生产石油 65.92 亿吨，累计生产天然气 1.81 万亿立方米。

中国天然气新增探明地质储量为 7265.6 亿立方米，连续 14 年超过 5000 亿立方米。大于 1000 亿立方米的盆地 2 个，分别为鄂尔多斯盆地和四川盆地；大于 1000 亿立方米的气田 2 个，分别为鄂尔多斯盆地的苏里格气田和四川盆地的安岳气田。

2016 年，中国新增煤层气探明地质储量为 576.12 亿立方米，较上年大幅增长，除了鄂尔多斯盆地和沁水盆地，首次在四川盆地提交煤层气储量。中国煤层气勘探开发投入 15.91 亿元，共钻探井 87 口、开发井 97 口，地面开发的煤层气产量为 44.95 亿立方米。

（2）产量。2016 年，中国天然气产量为 1368.7 亿立方米，比上年增长 1.7%，全年天然气进口量为 5403 万吨，增长 22.0%。分地区看，陕西省、四川省和新疆维吾尔自治区是中国天然气的主产地，产量分别为 412 亿立方米、297 亿立方米和 291 亿立方米，合计占全国产量的 73.1%。中国页岩气产量为 78.82 亿立方米，较 2015 年增长 76.3%；页岩气勘探开发投入 87.9 亿元，完钻探井 50 口、开发井 92 口。进口量快速增长，产量与进口量之比约为 2:1。

（3）消费量。2016 年，中国天然气消费保持了中低速增长态势，产量增速继续回落，进口量恢复高速增长，这导致中国天然气对外依存度持续攀升。除了国际价格走低因素外，国内天然气产量增速难以回升的另一个原因是中国天然气消费淡旺季峰谷差在加大，淡季供应过剩迫使生产企业压减国产气。

2016 年，中国天然气表观消费量为 2058 亿立方米（不含向中国香港和澳门供气），同比增加 6.6%，增速超过 2015 年。天然气在一次能源消费结构中占比 6.4%，用气人口首次突破 3 亿人。国内天然气产量 1369 亿立方米，同比增加 1.7%。进口天然气为 721 亿立方米，占总消费量的 35%。

3. 油气行业存在的主要问题

（1）产能结构性过剩矛盾和风险依然存在。在某些产能严重过剩的油气行业，落后产能和"僵尸企业"仍没有完全退出，只是在价格低位和环保核查严格的环境下，暂时性的歇产或减产，一旦价格回升或环保核查放松，就有可能死灰复燃，重新给市场运行带来压力和困扰。同时，一些产能利用率较低的行业，比如，炼油其投资冲动仍很大，一些价格好转、效益改善的行业，如氯碱等投资冲动又开始显露苗头，这值得关注。

（2）企业运营成本上升和投资环境亟待改善。一方面，企业成本上升的压力很大，煤炭、石油等原料成本在 2016 年价格上涨明显，企业用能成本上升，同时物流、融资和人工等成本总体也在攀升，企业经营压力加大；另一方面，投资环境仍有改善的空间，如有些产业政策欠精准，有时出现"一家企业生病，全行业吃药"的现象，企业投资无所适从。一些精细化工和专用化学品投资项目或技改项目只能按照大石化管理规范要求进行，虽监管方便，但同时也造成企业资源浪费；各地土地、环保、监管等政策不统一，导致不公平竞争，对企业投资决策带来困扰；一些企业小试、中试项目审批手续繁杂，不利于企业投资创新等。

（3）油气开采业效益恶化。2016 年，油气开采业利润在历史上首次出现净亏损现象，全年亏损额达 543.6 亿元，亏损情况持续加剧。收入也深度下降，全年降幅达 17.3%，连续第二年下降。油气开采业效益长期恶化的直接原因是油价大幅下降。监测显示，尽管 2016 年国际油价震荡回升，但均价水平仍处于历史较低位，大庆原油（现货）年均价格 36.97 美元/桶，为 2004 年以来最低，同比跌幅 21.0%；胜利原油年均价格为 34.98 美元/桶，跌幅 25.4%。由于油气开采业效益严重恶化，导致石油和化工全行业经济回升显得乏力。

（4）行业投资总体疲软。2016 年，石油和化工行业固定资产投资连续第二年下降，且降幅较上年扩大 1.8 个百分点，其中，化学工业投资在历史上首次出现下降，这与全国工业投资保持增长的局面形成鲜明反差。投资仍然是目前维系石油和化工行业经济增长的主要动力之一。国有企业受油价较低以及采油成本相对较高的影响，资本支出明显减少，给国内油气资源储量正常接替以及下游油气工程服务企业开工水平带来较大不利影响。民营企业受成本上升以及投资环境影响，整体投资动力不足，特别是在新兴领域的投资动力缺乏，这不利于化工新兴产业的培育和壮大。特别值得警惕的是，石油天然气勘探开发投资持续大幅下降，有可能对中国未来能源安全产生不利影响。

（5）国际化工市场压力增大。一方面，国际贸易保护主义抬头，贸易摩擦继续高发，根据商务部最新数据显示，2016 年，中国共遭遇 27 个国家和地区发起的 119 起贸易救济调查案件，涉案金额 143.4 亿美元，案件数量和涉案金额同比分别上升了 36.8% 和 76%，其中，化工产品占比较大，美国在 2015 年刚对中国乘用胎发起双反调查后，2016 年再次对客货商用车胎进行双反调查；另一方面，受中东、韩国等新增产能装置投产加快的影响，国外化工产品对国内市场的冲击加大。海关数据显示，2016 年，中国有机化学原料进口持续高速增长，进口量达到 5854.1 万吨，同比增幅 26.0%，净进口为 4565.7 万吨，增幅达 33.1%，其中，混合芳烃进口达 1170.1 万吨，增长 81.2%；甲醇进口为 880.3 万吨，增幅 58.9%。同年，中国合成材料进口也处于高位，进口量为 4498.4 万吨，小幅下降 1.4%；净进口量为 3585.3 万吨，其中，合成橡胶进口量增幅达 64.1%。一些大宗化工产品进口持续快速增长，加剧了国内市场无序竞争，伤害了中国相关企业的利益。同时，化工行业出口总额同比下降 6.1%，连续 20 个月累计下降。目前外需市场依然不振，出口压力还在增大。

（6）行业安全环保问题仍较突出。2016 年，石油和化工行业安全爆炸事故偏多，环保不达标情况仍存在，对行业平稳健康运行带来较大干扰。一批涉化工业园区离规划先行、管理规范、绿色发展还有不小的差距；同时，对于环境保护，绿色发展的理念，中石化企业面临的挑战和任务都很艰巨，行业"三废"（废水、废气、废固）问题如何努力解决，这对行业企业的绿色发展和可持续发展将产生深远影响。

二、2016 年内蒙古自治区石油和天然气行业发展概况

1. 石油和天然气产量

2016 年，内蒙古自治区石油生产总量为 249.17 万吨标准煤，占能源生产总量的 0.47%，天然气生产总量为 3616 万吨标准煤，占能源生产总量的 6.86%。从数据分析可以看出，石油产量在 2005～2011 年呈逐渐增长态势，之后逐渐减少或持平；天然气自 2012 年以来呈增长态势，尤其 2005～2011 年为快速增长期，之后进入缓慢增长期，2016 年，内蒙古自治区石油产量和天然气产量均少量减少，如图 2-8 所示。

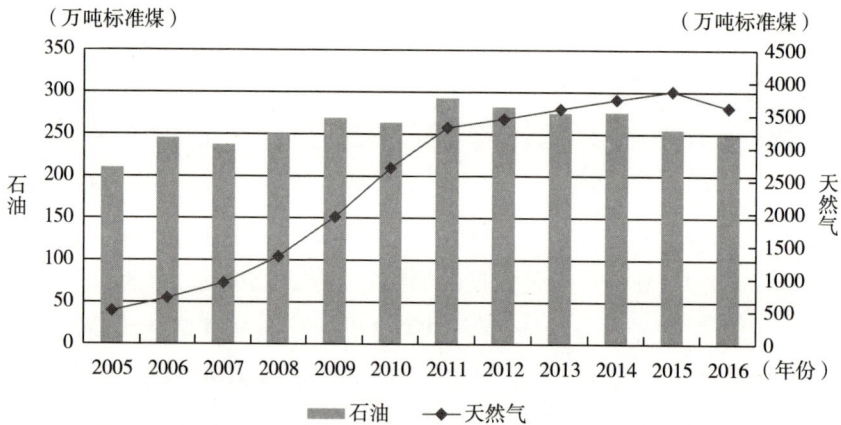

图 2-8　2005～2016 年内蒙古自治区石油、天然气生产总量

2. 石油和天然气消费量

2016 年，内蒙古自治区能源消费总量为 19457 万吨标准煤，其中，石油的消费总量为 1260.49 万吨标准煤，占能源消费总量的 6.48%，天然气的消费总量为 352.73 万吨标准煤，占能源消费总量的 1.81%，其中交通运输、仓储及邮电通信业占 40.53%，是最高比例，其他依次为建筑业，生活消费，其他，工业，农、林、牧、渔业，批发、零售业和住宿餐饮业，如图 2-9 所示。

2016 年，内蒙古自治区石油可供量为 895.58 万吨，其中生产量为 174.42 万吨，外省（区、市）调入量为 810.11 万吨，本省（区、市）调出量为 144.48 万吨，年初年末库存差额为 41.02 万吨。

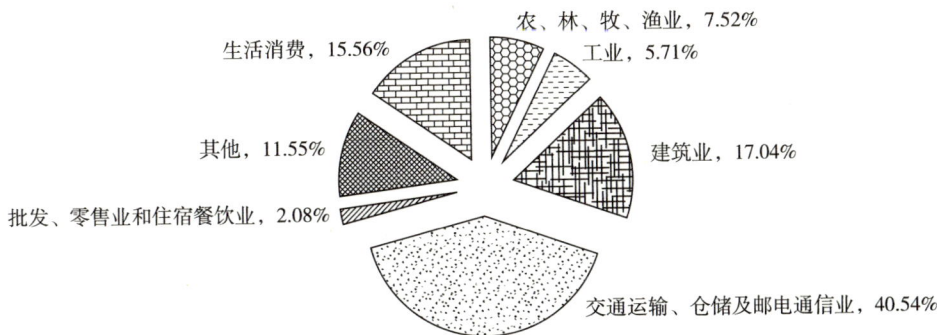

图 2 - 9　2016 年内蒙古自治区石油消费总量分类百分比

总体看，原油消费量在 2005～2011 年呈逐渐增长态势，之后下降；天然气在 2005～2009 年为快速增长期，之后处于波动不平稳状态（见图 2 - 10）。受宏观经济下行、天然气价格调整、替代能源加快发展等因素影响，内蒙古自治区天然气市场发展速度放缓。

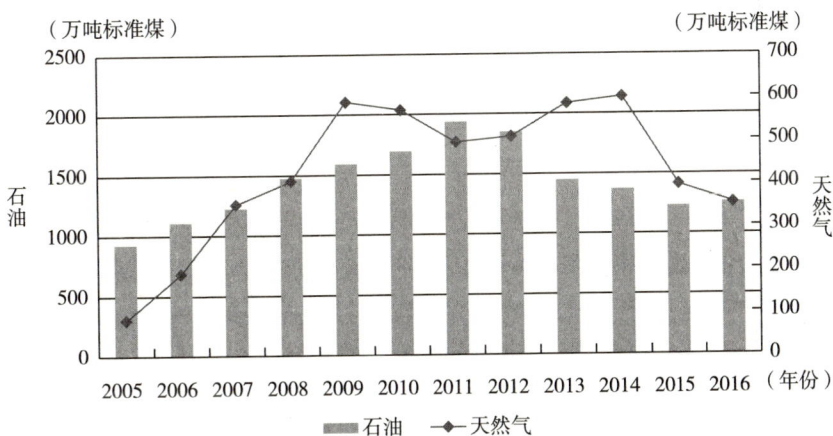

图 2 - 10　2005～2016 年内蒙古自治区石油、天然气消费总量

2015 年和 2016 年，受国际原油价格震荡下行影响，国内成品油价格预计在近期仍将保持下行趋势。从长远看，油价的下调将在一定程度上刺激汽车消费的增长，会逐步拉动汽油消费。

3. 城市供气状况

由表 2 - 5 可知，内蒙古自治区城市液化石油气总计为 69198.18 吨，天然气供应为 152198.01 万立方米，赤峰市液化石油气为 15876 吨，居首位，呼和浩特市天然气供应量最高为 52972 万立方米；用气人口总计为 826.32 万人口，以天然气为主。内蒙古自治区管道长度为 8863 千米，呼和浩特市最长为 2717 千米。2017 年 7 月，由管道三公司承揽的内蒙古自治区大和天然气管道工程（干线）三标段线路全部贯通。内蒙古自治区大和天然气管道工程起自苏—东—准输气管道工程（二期）大路末站，止于清水河县盆地青计量站。管道三公司承揽的三标段全长 25.26 千米，区域内主要交通干道有 209 国道、106 县道，乡村路网发达。该工程沿线为黄土塬、黄土梁、冲沟及河谷阶地地貌，冲沟及河谷较多，多处穿越土质高陡边坡、铁路、国道和河流等，施工难度较大。

表 2 - 5　2016 年内蒙古自治区城市煤气、液化石油气、天然气供应及用气人口

地区	管道长度（千米）	全年供气总量		用气人口（万人）	
	天然气	液化石油气（吨）	天然气（万立方米）	液化石油气	天然气
呼和浩特市	2717	—	52972	—	192.31
包头市	2151	10500	68000	16.43	150.89
呼伦贝尔市	17	4420	591	22.94	9.30
通辽市	741	555	2000	4.80	38.99
赤峰市	354	15876	2364	74.36	23.13
乌兰察布市	281	3500	2988	9.60	16.00
鄂尔多斯市	1077	2160	9706	5.00	46.56
巴彦淖尔市	99		3759	—	35.34
乌海市	908		5014	—	51.04
满洲里市	179	6874	334	18.02	1.32
扎兰屯市	61	3078	326	10.94	1.19
牙克石市	20	1754	105	9.74	2.11
根河市	—	982	—	5.81	—
额尔古纳市	—	722		3.47	
乌兰浩特市	69	5328	1003	21.65	2.20
阿尔山市		800	—	4.02	

地区	管道长度（千米）	全年供气总量		用气人口（万人）	
	天然气	液化石油气（吨）	天然气（万立方米）	液化石油气	天然气
霍林郭勒市	—	8138	—	12.11	—
二连浩特市	—	860	511	3.60	3.20
锡林浩特市	118	2700	2082	13.77	6.50
丰镇市	71	952	444	3.00	6.98
合计	8863	69198.18	152198.01	239.26	587.06

资料来源：《内蒙古统计年鉴》（2017）。

三、石油和天然气开采业

1. 油气开采业施工、投产情况

2016年，内蒙古自治区石油和天然气开采业的城镇固定资产投资总额为171.24亿元，其中，用于新建固定资产的投资额为107.87亿元，用于扩建固定资产投资额为63.37亿元。内蒙古自治区石油和天然气的城镇和农村的施工、投产项目均有所增加。

2. 工业企业发展

2016年，内蒙古自治区石油和天然气开采业工业总产值为750亿元（规模以上），利润为72.74亿元，企事业单位总计13个，职工人数0.62万人，资产合计为279亿元，流动资产合计为90.59亿元，其中，国有及国有控股和私有工业企业数分别为4个和9个，工业总产值分别为48.58亿元和701.43亿元，利润分别约为 -15亿元和87.79亿元（见表2-6）。

表2-6 2016年内蒙古石油和天然气开采业经济指标 单位：万元，个

经济指标 \ 企业类型	国有企业	私有企业
企业单位数	4	9
工业总产值（现价）	485821	7014295

经济指标 \ 企业类型	国有企业	私有企业
资产合计	1882705	914013.4
流动资产合计	738817	167117.8
固定资产原价	1638659	436276.5
流动负债合计	72367	166466.7
非流动负债合计	313064	73048.5
所有者权益	1497274	617699
实收资本	1011584	138924.8
主营业务收入	485371	7125034
主营业务成本	599497	6170953
利润总额	−150519.8	877916

2016 年，石油和天然气开采业能源消费总量为 25.68 万吨标准煤，其中，煤炭消费量为 0.38 万吨，原油消费量为 5.07 万吨，汽油消费量为 0.20 万吨，柴油消费量为 0.83 万吨，天然气消费量为 0.29 亿立方米，电力消费量为 10.05 亿千瓦时。

四、内蒙古自治区煤制油气

截至 2016 年，内蒙古自治区已形成 124 万吨煤制油、17 亿立方米煤制天然气的年加工能力，其年产能产量均居全国第一位。

内蒙古自治区在建的煤制气项目有 2 个，建设规模为 56 亿立方米，建成年产能为 17.3 亿立方米，其中，大唐克旗煤制气项目建设规模为 40 亿立方米，建成年产能为 13.3 亿立方米；汇能煤制气项目建设规模为 16 亿立方米，建成年产能为 4 亿立方米。截至 2016 年 9 月底，大唐煤制气项目累计生产煤制气约 15 亿立方米；汇能煤制气项目累计生产煤制气约 7.2 亿立方米。

内蒙古自治区建成的煤制油项目中，神华煤直接液化项目一期工程第一条生产线年产能为 108 万吨；伊泰煤间接液化项目年产能为 16 万吨。截至 2016 年 9 月底，神华煤制油项目累计生产油品 532.5 万吨；伊泰煤制油项目累计生产油品 115.1 万吨。

1. 通往京津冀重要气源

向北京供气的陕京四线输气管道工程正有序推进，途经陕西省、内蒙古自治区、河北省、北京市、天津市五个省（市、自治区）。在管道节点上的内蒙古自治区鄂尔多斯市将成为重要气源。

内蒙古自治区正全力打造清洁能源输出基地和现代煤化工生产示范基地。清洁能源输出中，天然气输送是重要一环，现代煤化工产业中，煤制气尤为重要。内蒙古自治区在建和已开展前期工作的煤制气项目已达340亿立方米/年，其中，仅鄂尔多斯市就达256亿立方米，占全区的75%，有7个煤制气项目已开展前期工作。汇能煤制天然气项目已于2010年开建；神华、新蒙、中海油、河北建投、北京控股等企业投资的煤制气项目也正抓紧推进，其中，中海油、河北建投和北京控股联合出资的项目年产量将达120亿立方米，主要向河北省、天津市供气，同时为北京市天然气供应提供安全保障。

此外，天津市力推渤化市内蒙古自治区能源化工基地项目，力争在2018年建成一期项目，每年可向天津市提供煤制气40亿立方米。2014年，京津冀地区天然气用气量约为201.5亿立方米，同比增长9.2%，其中，北京市用气量为109亿立方米，河北省为51.4亿立方米，天津市为41.1亿立方米。可见，北京市用气量在该地区占据半壁江山，已超津冀之和。

从长远来看，随着京津冀去煤化深入实施，天然气使用量仍将大幅增长。京津冀在发展天然气上都已设定了"宏伟目标"，2017年，三地规划年总用气量将达540亿立方米。未来内蒙古自治区将是京津冀地区天然气增量供应的重要来源，目前三地企业都已在内蒙古自治区深度布局，未雨绸缪，利用内蒙古自治区的煤化工产业优势，为本地区未来天然气供应大幅增长蓄力。

2. 兴安盟40亿立方米煤制气

内蒙古自治区科右中旗的内蒙古矿业（集团）兴安能源化工有限公司建立40亿立方米煤制气、蒙能2×66万千瓦电厂等项目。对此，内蒙古自治区有关厅局高度重视、积极配合，主动帮助解决项目核准、资源配置、水源供给、输气管道等方面遇到的困难和问题。兴安盟及科右中旗要做好协调和服务工作，努力为项目建设创造良好环境，确保项目如期建成投产，发挥效益。

科右中旗年产40亿立方米煤制气项目建设地点位于科右中旗百吉纳工业循环经济园区，项目计划投资250亿元，建设规模为年产天然气40亿立方米，副产品为硫磺、液氨等，年用煤 1697 万吨，煤源拟由锡林郭勒盟巴彦胡硕煤田提供。产品将利用乌兰浩特至吉林天然气管道销售到东三省市场和采用汽车运输 LNG。

五、石油和天然气行业发展对策

1. 极力推进分布式能源

所谓分布式能源，即利用天然气为燃料，通过冷、热、电三联供等方式实现能源的梯级利用，综合能源利用效率在 70% 以上，并在负荷中心就近实现现代能源供应方式。据了解，天然气分布式能源能够以自身的优势替代一些传统的供能方式，相较于集中供能模式，其具有能效高、清洁环保、安全性好等众多优点，对改善内蒙古自治区一次能源消费结构、保证能源供给安全、解决环境大气污染均可发挥积极作用。

集成互补分布式能源是发展方向。针对目前能源结构和大气污染的现状，围绕能源结构的优化和如何扩大可再生能源的比重，中国政策科学研究会执行会长郑新立认为，要加快天然气进口的基础设施和船舶的建设，加强国内天然气特别是页岩气的勘探开发，包括海洋可燃冰的勘探开发，加快煤制天然气和煤炭的清洁高效利用，加快生物质能和可再生能源的开发利用。

在鄂尔多斯盆地每年煤的产量为 9 亿吨，如果能够用现在比较成熟的低温热解法，从里面把它的天然气和油的小分子提取出来，每年可以提供 1 亿吨左右的石油和天然气，可以顶替相当一部分的天然气和石油的进口。通过进口和开发利用中国的天然气资源，力争将天然气的消费量在中国一次能源结构里尽快达到10%，特别是重点大气污染地区加快提高天然气的使用比重，这将为打赢蓝天保卫战取得决定性胜利做出重要贡献。

积极开发新能源，不断改进能源转换技术，提高能源利用效率，创新能源利用技术和供应服务商业模式，实现节能减排，对促进中国经济快速发展、实现产业升级和环境保护具有长远的战略意义。中国的能源体系正处于大变革阶段，而且将进一步提速。可以预期，能源行业必然会朝着多种能源有机整合、集成互补的分布式能源方向发展。

提升天然气作为一次能源的使用比重。近年来，长丰能源与国内外能源方面的研究机构、知名企业广泛合作，不断在技术和服务领域开拓创新；积极探索国际

LNG 的贸易渠道，筹建国际能源交易平台，发展基于综合利用的能源利用项目，推动多能互补集成优化项目，并初具成效。此外，长丰能源与法国电力集团在三亚海棠湾开展低碳智慧能源项目，改善能源结构，为清洁能源的可持续发展探索道路。

2. 交通能源继续向多元化、绿色、低排放方向发展

交通运输业是能源消耗的主要部门。目前，中国交通运输用燃料（不含轨道交通）以石油产品为主，占比超过 90%，电动汽车、液体生物燃料、天然气汽车和混合动力汽车作为交通能源实现多元化、绿色、低排放的现实选择，正在得到快速发展。2017 年，纯电动汽车将继续在政策的强力支持下快速发展；燃料乙醇、生物柴油和其他醇醚替代燃料由于具有良好的环境效益，有望在现有基础上进一步扩大应用；天然气汽车由于与其他燃料比价优势不明显且缺乏明朗的政策支持，增速将放缓；而混合动力汽车性能稳定、经济性好，将会被越来越多的消费者选择。

在政策引导下，推动交通燃料多元化、绿色、低碳发展是世界各国政府普遍采用的手段和途径，然而"政府＋市场"最终让消费者自主选择是必然趋势。

3. 战略上减少和规避风险

中国无论是石油还是天然气，国内生产增长与市场需求的矛盾都在加深，目前，已经成为世界最大的石油进口国，预计到 2020 年前后，中国天然气的进口量将超过日本，成为全球进口的 No.1（第一）。中国既是国际资源的分享者，也是世界油气市场价格风险的重要承担者。这需要我们认真审视国家的能源战略和产业政策、贸易政策、价格政策，认真思考如何从体系上保障油气安全，如何提高行业的国际竞争力，确实推动能源生产与消费革命。

4. 管理的任务更加艰巨

一方面，市场环境趋于改善。在中央一系列政策措施推动下，行业准入、扩大开放、深化改革都将更加深入，产业政策更加明确，法规和市场体系建设加快，政府监管逐步加强，市场环境将趋于更加公平、开放。

另一方面，市场环境更加复杂。随着行业市场化进程的加快，市场主体增加，利益更加多元化，新情况和新矛盾不断出现，现有行业管理和监管仍会存在滞后和漏失现象。这考验政府行业管理的能力。

5. 油气行业绿色低碳转型

国家已经明确在 2017 年启动全国碳排放交易体系，炼油、乙烯和化肥被纳

入第一批试点范围。进入试点的企业在 2017 年下半年就可能对配额予以关注。实施碳排放权交易制度后，外部政策内化为企业运行成本，将对行业发展产生深远影响。一是有利于通过市场机制加快包括天然气在内的清洁能源替代应用，促进油气行业绿色发展。二是有利于推动油气行业开采技术、工艺技术、装备技术和信息技术创新，如碳的捕集利用技术、高性能合成材料等。碳市场的启动将很快成为备受企业关注的热点之一。

专栏 2

天然气发电

使用天然气发电，可提高电能生产效率 50%，天然气热电联产等方案是能源高效利用的典范。天然气作为清洁能源是城市民用燃料、发电燃料、汽车燃料，也是合成氨和甲醇等化工产品的原料。2014 年，世界天然气消费总量达 3.39 万亿立方米，其中，居民和商业用气量约为 7000 亿立方米，工业燃料及原料用气量约为 1.4 万亿立方米，发电用气量约为 1.2 万亿立方米。20 世纪 70 年代以来，世界天然气发电产业快速发展，发电用天然气消费量急剧增加。1970～1990 年发电用天然气消费量年均增速仅为 3.6%，1990 年以后年均增速达 6.8%，2014 年全球发电用天然气消费量占天然气消费总量的 37%。1970～2014 年，全球天然气发电量年均增速超过 5%，在总发电量中的占比由 1971 年的 10.3% 提高到 2013 年的 21.8%。

美国、日本、韩国及欧洲部分发达国家已将天然气作为发电的主要能源之一，而中国天然气发电还处于起步阶段。当前制约中国天然气发电产业发展的因素除资源禀赋、技术装备之外，相关政策不完善、支持力度不够也是重要原因。系统分析和总结全球一些发达国家天然气发电政策与发展经验，研究提出中国天然气发电政策建议，对有效降低碳排放和改善大气环境、加快中国天然气产业发展、推动能源结构调整等将具有重要意义。自 2007 年以来，中国政府在多个规划和政策文件中都明确了天然气发电的发展规划和目标。《能源发展"十二五"规划》提出，要有序发展天然气发电，在东部经济发达地区合理建设燃气—蒸汽联合循环调峰电站，在电价承受能力强的中心城市优先发展大型热电联产项目，积极推广天然气热电冷联供，明确了"十二五"时期全国新增燃气电站 3000 万千瓦目标，而实际上已超目标完成。《天然气发展"十二五"规划》提出，要稳步实施以气代油发电等工程，要求电网公司将天然气分布式能源纳入区域电网规划范畴，解决分布式能源并网运行问题。2014 年 11 月《能源发展战略行动计划 (2014~2020 年)》明确了"适度发展天然气发电"主要任务，有序发展天然气调峰电站。

国家在环保、天然气产业、天然气价格、分布式能源等政策方面均对天然气发电产业有所提及，但仅是"理顺天然气与可替代能源的比价关系"观点式描述，特别是 2013 年国务院《大气污染防治行动计划》更明确了"有序发展天然气调峰电站，原则上不再新建天然气发电项目"，这对推动天然气发电产业发展并无明显推动作用。同时，国家至今尚未出台促进天然气发电的税收、金融等配套政策，特别是当前天然气发电成本仍大幅高于煤电成本，经济性差致使天然气发电产业难以规模化发展。

第三节　内蒙古自治区电力

全球电力市场正在向有利于可持续利用基础设施的方向转变。自 2000 年以来，太阳能在世界发电中所占的份额几乎每两年就翻一番，风能则每四年增加一倍。每增加一倍，太阳能成本下降 24%，风能成本下降 19%。这些发展趋势预示着未来能源结构的永久性转变，其特点是煤炭消费下降，天然气和可再生能源的重要性上升以及中国和美国等主要经济体的能源生产率的提高。世界二次能源的供应日益电气化，其在日益增长的电力市场中显得尤为突出，电网也数字化，这表明能源系统及其可持续性正在发生变化。

一、2016 年中国电力工业发展现状

1. 发电量

2016 年中国发电量突破 6 万亿千瓦时。全年发电量为 61425 亿千瓦时，比上年增长 5.6%，增速加快了 5.3 个百分点。从月度规模以上工业发电量看，前 6 个月增速较低，除 3 月同比增长 4.0% 以外，其他月份同比增速均维持在零附近；7 月增速回升至 7.2%，扭转了自 2015 年以来的低迷态势，这之后的各月发电增速相对稳定，维持在 7% 左右。

火电增速由负转正，水电保持增长，核能、风力和太阳能发电保持高速增长。火力发电增速由 2015 年的下降 2.6% 转为增长 3.6%；水力发电增长 5.6%，比上年加快 0.3 个百分点；核能发电增长 24.9%，回落 4.0 个百分点；风力发电增长 27.6%，加快 11.5 个百分点；太阳能发电增长 58.8%，加快 4.5 个百分点。

2016 年，国电电力实现营业收入 584.16 亿元，较上年同期增加 2.95%；营业成本为 434.73 亿元，较上年同期增加 10.86%；归属于上市公司股东净利润为 45.69 亿元，较上年同期增加了 5.42%。截至 2016 年 12 月 31 日，公司总资产为 2712.67 亿元，较年初增长 4.75%；总负债为 1970.95 亿元，较年初增长 5.36%；资产负债率为 72.66%。

国电电力是控股股东中国国电旗下的全国性电力上市公司，是中国国电在资本市场的直接融资窗口和实施整体改制的平台。近年来，国电电力始终坚持科学发展，突出质量效益，做强做优主业，推动转型升级，电源结构和布局得到持续优化。目前拥有直属及控股企业 76 家，参股企业 20 家，筹建处 7 家。

截至 2016 年底，公司控股装机容量达到 5088.15 万千瓦，其中，火电机组为 3374.75 万千瓦，占总装机的 66.33%，水电机组为 1229.68 万千瓦，占总装机的 24.17%；风电机组为 462.52 万千瓦，占总装机的 9.09%；太阳能机组为 21.2 万千瓦，占总装机的 0.42%。

2016 年，公司新增发电装机容量 457.8 万千瓦，其中，火电新增机组 254 万千瓦，水电新增机组 149.65 万千瓦，风电新增机组 54.15 万千瓦。

截至 2016 年底，公司全资及控股各运行发电企业累计完成发电量为 1968.85 亿千瓦时，上网电量为 1865.53 亿千瓦时，较去年同期分别上升了 11.52% 和 10.99%。完成利用小时 3994 小时，高于全国平均水平 209 小时，其中，火电完成 4521 小时，水电完成 3365 小时，风电完成 1969 小时，光伏完成 1392 小时。供热量完成 7038.73 万焦耳，同比增长 10.82%。

2. 电源结构

电力生产结构优化明显，非化石能源发电比重进一步提升，水电、风电、太阳能发电装机容量排名世界第一。2016 年，核能发电、风力发电、太阳能发电比重进一步提高，占全部发电量比重分别为 3.5%、3.9% 和 1.0%，比上年分别提高 0.5 个、0.7 个和 0.3 个百分点；水力发电占 19.4%，与上年持平；火力发电占 72.2%，比上年下降 1.4 个百分点。

当前电源建设确实处于供过于求的状态。从电源结构上讲，中国目前的电源仍以火电为主，电源装机占比达 64.04%（见图 2 - 11），发电量占比超过 70%。火电的利用小时数在 2010 年之后也在持续下滑，2016 年仅有 4165 小时（见图 2 - 12），创历史新低。一般认为火电利用小时数提升即可满足未来电力需求的增长。

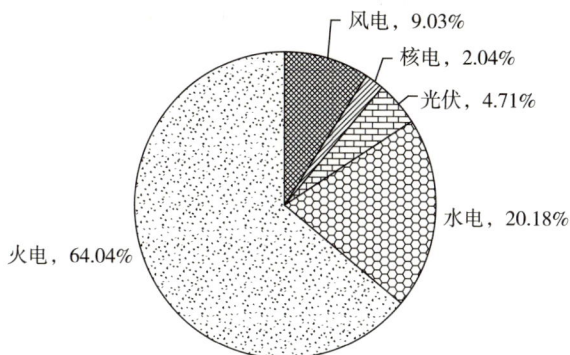

图 2 - 11　中国电源结构

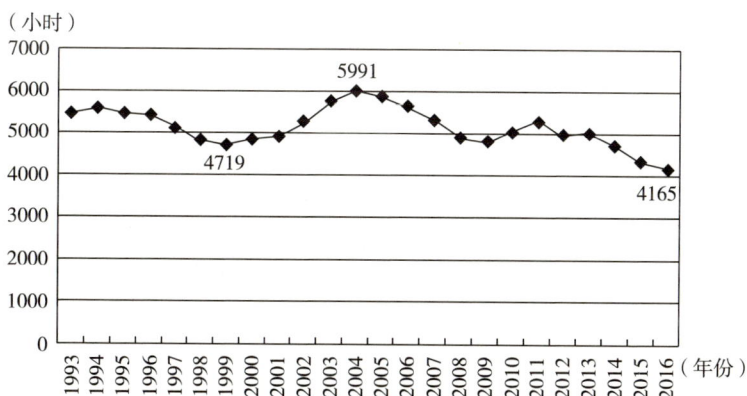

图 2 - 12　1993 ~ 2016 年中国火电利用小时数

与此同时，随着治理空气污染日益成为决策者的优先目标，控制污染物的源头成为必然的政策选择。煤炭作为空气污染的主要源头（见图 2 - 13），其在能源结构中的份额必然面临着被清洁能源取代的趋势。纵览煤炭在一次性能源结构

中的比重变化，可以发现 GDP 增速下降时也正是煤炭占比降低的时候（见图 2 –
14)，这是因为经济一旦回暖，能源需求就会上升，火电能够在最短时间内提供
大量的基荷电源。因此，当前的过剩局面也正是我们进一步调整优化能源结构的
绝佳时机。

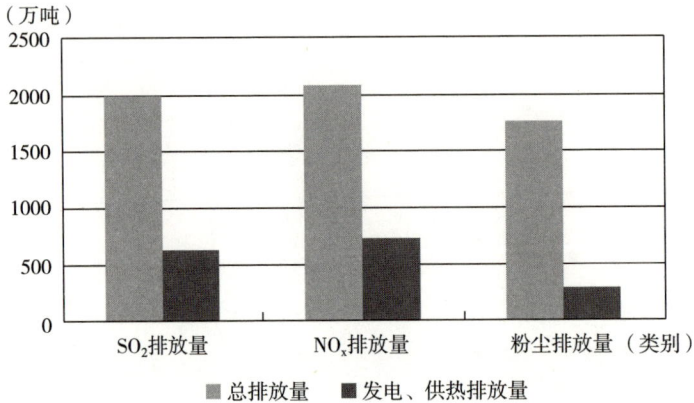

（万吨）

图 2 – 13　燃煤发电是大气污染物的最重要来源

资料来源：公开资料整理。

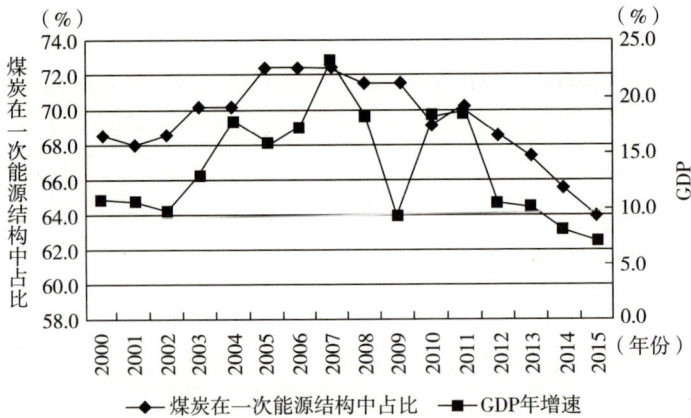

图 2 – 14　2000～2015 年 GDP 高速增长带动煤炭在一次能源结构占比提升

资料来源：公开资料整理。

电力过剩并非风电利用水平的关键，其替代品收益率的高低才是决定因素。
从 2015 年下半年起，"三北"地区风电利用水平再度大幅下滑，甘肃省、新疆维

吾尔自治区等弃风率一度高达50%。然而在此期间，国内弃风率最高的六个省份（新疆维吾尔自治区、甘肃省、内蒙古自治区、黑龙江省、吉林省、辽宁省）火电发电小时数却逆势上扬（见图2－15），与此同时，动力煤的价格则跌落至近年来的谷底（见图2－16），由于燃料成本占火电成本的60%以上，因此火电的收益率大幅上升，从而挤占了风电的利用空间。随着动力煤价格在2016年下半年止跌回升，风电的利用水平也稳步回暖。

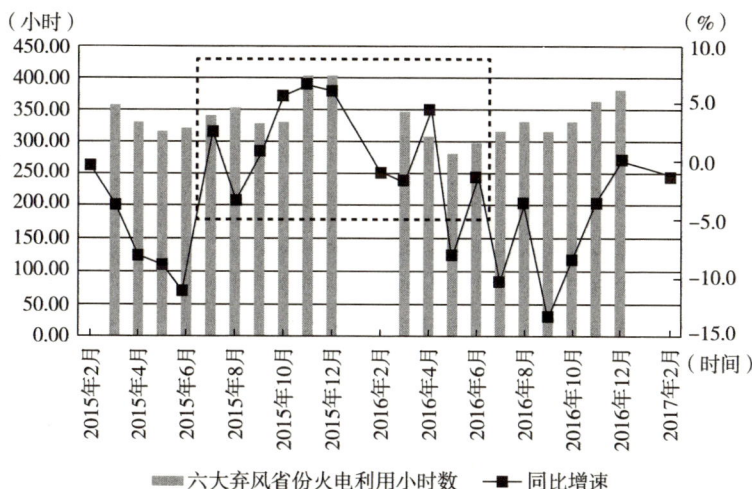

图2－15　2015年2月至2017年2月弃风省份火电利用水平逆势上升

资料来源：公开资料整理。

3. 中国电力存在的几个问题

（1）能源富裕省份电力送出受限，尤其是可再生能源，存在大量弃水、弃风、弃光现象。据中国电力企业联合会数据显示，2016年全国"弃水、弃风、弃光"电量共计近1100亿千瓦时，超过当年三峡电站发电量约170亿千瓦时。

（2）发电类型结构不合理，燃煤发电占比太高，新能源发电占比太低。据中国电力企业联合会公布的2016年数据显示，全国水电发电量占比为19.71%，火电发电量占比为71.6%（燃煤占比为65.2%），风电发电量占比为4.02%，太阳能发电量占比为1.11%。而在发达国家如德国，2016年，燃煤电厂发电量达到236.32千瓦时，占总发电量比例的43.4%，风电占比为14.3%，太阳能占比为6.5%，新能源占比远远超出中国水平。

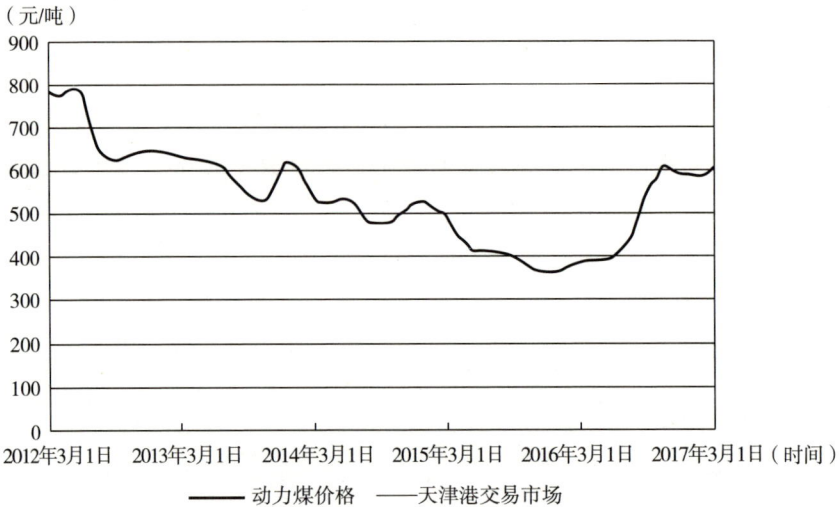

图 2 –16　动力煤价格在 2015 年 2 月至 2016 年 1 月达到近年底部

资料来源：公开资料整理。

（3）整个电力供应能力远远过剩。据中国电力企业联合会数据显示，截至 2016 年底，全国全口径发电装机容量为 16.5 亿千瓦，发电设备利用小时为 3785 小时；全国全口径火电装机为 10.5 亿千瓦，这是什么概念？其说明了全国火电满负荷发电 1 小时就是 10.5 亿度电，如果全国火电电厂满负荷运行一整年，能发 9.1 万亿度电，而 2016 年全球总发电量为 24.81 万亿度，也就是说，中国火电满负荷发电一年够全球用小半年，这还仅是火力发电！设备利用小时数为 4165 小时，远远低于一般水平 5500 小时（引用火电设备利用小时数创半个世纪来最低水平）。这些问题如果没有市场化，仅依靠行政规划几乎不可能妥善解决，电力市场化是解决上述问题的良策。

二、2016 年内蒙古自治区电力运行状况

2016 年，内蒙古自治区面对复杂的经济形势，完成固定资产投资 146.7 亿元、售电量 1464.64 亿千瓦时、交易电量 785 亿千瓦时、最大供电负荷 2133.3 万千瓦，四项指标均创出历史新高。

1. 电力生产情况

2016 年，内蒙古自治区电力公司全力推动蒙西电网转型升级，与华北主网异步联网，纳入了全国电力发展"十三五"规划。在新增发电机组 667 万千瓦、最大供电负荷首次突破 2133 万千瓦的情况下，保障了机组的有序接入和负荷的可靠供电。统调新能源发电装机规模、发电量和所占比重均居全国各省网公司首位。同时，该公司维持了东送华北、北送蒙古国、南送榆林的输电任务，负荷稳定，与蒙古国国家电网公司续签 2017～2021 年购售电协议备忘录。不断扩大多边交易电量和交易品种，全年完成交易电量 785 亿千瓦时，同比增长 40%，为用电企业降低电费成本 58 亿元，有力支持了自治区工业经济 7.2% 的增长。

内蒙古自治区电力公司通过强化管理和稳健经营，使综合实力持续提升，资产总额达到 922.47 亿元，较上年增加 130.12 亿元，在中国企业 500 强榜单中名列第 217 位，居内蒙古自治区 30 强企业首位。截至 2016 年底，已实现安全运行 7068 天的长周期纪录。

截至 2016 年 12 月底，内蒙古自治区全区完成发电量为 3949.81 亿千瓦时，在西部地区居于首位，（见图 2 - 17、图 2 - 18），同比增长 8.22%，其中，水电为 27.48 亿千瓦时，同比增长 - 24.5%；火电为 3374.88 亿千瓦时，同比增长 1.37%；风力发电量为 464.18 亿千瓦时，同比增长 13.8%（见图 2 - 19）。

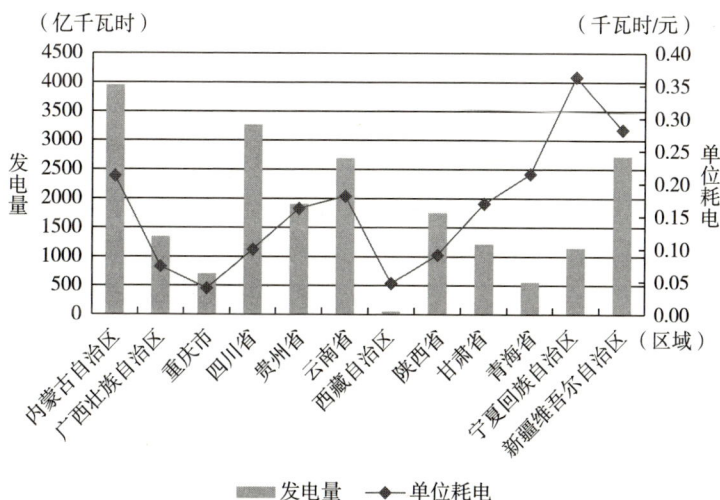

图 2 - 17　2016 年西部地区发电总量和单位耗电指标

（亿千瓦时）

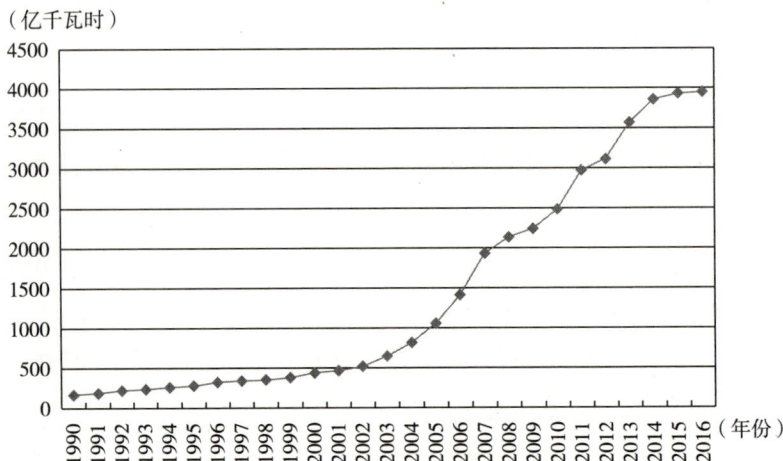

图 2-18   1990~2016 年内蒙古自治区电生产量

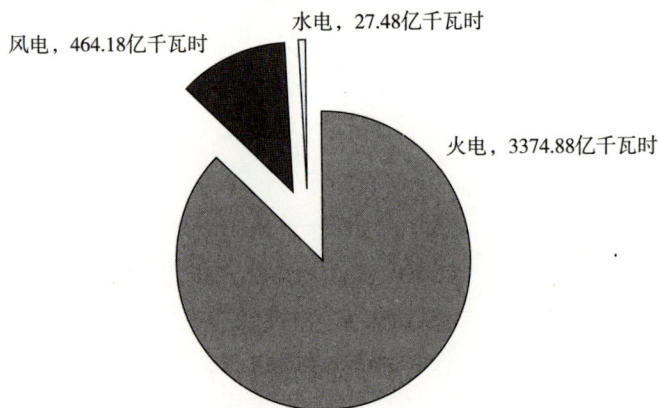

图 2-19   2016 年内蒙古自治区电力生产量对比

内蒙古自治区能源行业历经了四次厂网分开、网网分开的体制变革，形成如今两个电网公司和三家发电公司"一体五胎"的格局，五大发电集团及京能等悉数挺进草原"播火、追风、逐日"。全区增量重组和新建的厅局级建制发电（能源）公司超过 10 家，呈现"大投资、大建设、大发展"的繁荣局面。

内蒙古自治区电力行业协会最新数据显示，截至 2016 年上半年，全区具有6000 千瓦及以上发电能力的单位为 689 家，其中，水电单位 12 家、火电单位

206 家、风电单位 257 家、光伏单位 214 家。内蒙古自治区电力基地能有如今的体量，离不开以央企为主的能源企业的耕耘。截至 2016 年底，全区增量重组和新建厅局级建制发电（能源）公司超过 10 家，规模以上发电单位 649 家，其中有央企血统（股份）的超过 70%。

为服务内蒙古自治区经济社会发展，国网蒙东电力加快推进主网联网、特高压配套、电铁配套等工程建设，逐步发挥"五型电网"在资源优化配置和能源转型升级中的作用。

2016 年 5 月，国家发展和改革委员会批复《关于蒙东电网实施同网同价有关问题的请示》，同意内蒙古自治区以财政资金补贴的方式，实现蒙东电网城乡用电同网同价。国家发展和改革委员会指出，在蒙东电网实施城乡用电同网同价，切实降低蒙东地区用电成本，是落实供给侧结构性改革，振兴东北经济的重要举措，是完善和简化销售电价体系，促进电力公平负担的必要措施。

2016 年，内蒙古自治区电力公司完成售电量 1464.64 亿千瓦时，比内蒙古自治区国资委下达的指标超出 64.64 亿千瓦时，创历史新高，实现了"十三五"精彩开局。

蒙西电网在全国率先开展了电价补贴和电力多边交易。近五年来，累计承担电价补贴成本 100 亿元。通过电力多边交易模式，五年累计完成大用户交易电量 1395.6 亿千瓦时。仅 2016 年就为符合条件的用电企业节约电费成本 58 亿元。在全国电力市场化改革中，蒙西电网走在了前列，成为全国第一个输配电价改革试点省级电网。输配电价试点方案正式实施后，蒙西大工业用电成本每年可降低约 26 亿元。

2. 电力装机

截至目前，内蒙古自治区实现电力总装机量和风电总装机量两个全国第一。能源结构优化趋势明显。在内蒙古自治区 1.16 亿千瓦电力装机总量中，水电为 237.54 万千瓦，火电为 8047.75 万千瓦，风电为 2610.56 万千瓦，光伏为 690.47 万千瓦。从装机结构看，火电装机仍然占到该区全部装机的 70% 左右，可再生能源装机占比接近 30%。

电力装机总量领跑全国。从 1903 年草原有电算起，内蒙古自治区电力基地起步较晚。数据统计，1949 年初，内蒙古自治区仅有电厂 11 座，发电装机容量为 1.48 万千瓦，发电量为 0.12 亿千瓦时。新中国成立以后，内蒙古自治区电力工业发展提速。2002年8月，发电装机始破1000万千瓦，之后一路高歌猛进。

2016年1～12月，全区6000千瓦及以上电力装机累计发电量为39479985万千瓦时，同比增加280510万千瓦时，增长0.72%，其中，水电为273332万千瓦时，同比减少86329万千瓦时，下降24.00%；火电为33736516万千瓦时，同比减少458930万千瓦时，下降1.34%；风电为4640265万千瓦时，同比增加561992万千瓦时，增长13.78%（2016年12月，全区6000千瓦及以上风电装机容量为2555.71万千瓦，比2015年同期增加130.77万千瓦，增长5.39%）；光伏为829872万千瓦时，同比增加263777万千瓦时，增长46.60%。12月完成发电量为3406511万千瓦时，同比增加76267万千瓦时，增长2.29%，其中，水电为18206万千瓦时，同比减少8374万千瓦时，下降31.50%；火电为2906845万千瓦时，同比增加24801万千瓦时，增长0.86%；风电为423875万千瓦时，同比增加41111万千瓦时，增长10.7%；光伏为57585万千瓦时，同比增加18729万千瓦时，增长48.20%。

2016年1～12月，全区6000千瓦及以上电力装机蒙东地区（包括呼伦贝尔市、兴安盟、赤峰市、通辽市）发电量为10191593万千瓦时；蒙西地区（包括锡林郭勒盟、乌兰察布市、呼和浩特市、包头市、鄂尔多斯市、乌海市、巴彦淖尔市、阿拉善盟）发电量为29288392万千瓦时。

2016年1～12月，全区6000千瓦及以上电力装机分地区发电量分别为呼伦贝尔市3061173万千瓦时、兴安盟525034万千瓦时、赤峰市2355286万千瓦时、通辽市4250100万千瓦时、锡林郭勒盟3473056万千瓦时、乌兰察布市4982447万千瓦时、呼和浩特市4375886万千瓦时、鄂尔多斯市7620440万千瓦时、乌海市1868510万千瓦时、巴彦淖尔市1632262万千瓦时、包头市4605020万千瓦时、阿拉善盟730771万千瓦时。

据内蒙古自治区电力公司调控中心数据显示，今年4月16日，内蒙古自治区电网新能源消纳刷新历史纪录，新能源单日发电量超过2亿千瓦时，新能源最大电力达到1156万千瓦，占比达到全网实时发电出力的46.77%，其中，风电最大发电负荷破1000万千瓦，达到1038万千瓦，最大占比达到全网实时出力的42%。

2016年底，国家能源局批复内蒙古自治区"十三五"风电清洁供暖规划，复函指出，"十三五"时期内蒙古自治区规划风电清洁供暖最大新增规模为235

万千瓦。到 2020 年底，全区新增风电清洁供暖总面积不低于 800 万平方米。风电清洁供暖将有效消纳内蒙古自治区富余可再生能源电力，推动清洁能源健康发展。

三、完成的电力售电量和消费量

2016 年 1～12 月，全区电网供电量为 15610812 万千瓦时，售电量为 14790023 万千瓦时，同比分别增加 827099 万千瓦时和 852586 万千瓦时，增长 5.59% 和 6.12%。

2016 年前三季度，内蒙古自治区发电量稳中有升，用电量增速呈现放缓趋势。前 9 个月，内蒙古自治区 6000 千瓦及以上电力装机累计发电量为 2935.6 亿千瓦时，同比增长 1.2%。全区外送电量为 1024.3 亿千瓦时，同比下降 3.1%，降幅较 1～8 月收窄 0.7 个百分点。

根据内蒙古自治区发展和改革委员会最新提供的数据显示，前三季度内蒙古自治区外送电量表现为"三降二增一平"，送华北地区、宁夏回族自治区、陕西省电量分别为 629.7 亿千瓦时、2 亿千瓦时、11.5 亿千瓦时，同比分别下降 4.8%、22.6%、38%；送东北地区、蒙古国电量分别为 368.3 亿千瓦时和 8.3 亿千瓦时，分别增长 1.7% 和 2.1%；送山西省电量为 4.5 亿千瓦时，与去年同期持平。在发电量方面，值得一提的是，2016 年内蒙古自治区风电、光伏发电分别增长 12%、45.4%。前三季度，内蒙古自治区全社会用电量为 1922.4 亿千瓦时，同比增长 3.4%，低于上年同期 2.2 个百分点。其中，第一产业用电量为 37 亿千瓦时，同比下降 0.03%；第二产业用电量为 1688.4 亿千瓦时，增长 2.9%；第三产业用电量为 94.1 亿千瓦时，增长 8.4%。城乡居民生活用电量为 103 亿千瓦时，增长 8.4%。

内蒙古自治区电力消费总量为 2605.13 亿千瓦时。从图 2-20 可以看出，工业能源消费一直是能源消费的"大户"，其电力消费的主要地位一直没有改观，1990 年，工业电力消费为 95.28 亿千瓦时，占电力消费总量的 78.21%，2016 年达到 2286.41 亿千瓦时，占 88.77%。生活电力消费量居第二位，2016 年占电力消费总量的 5.32% 左右。其他电力消费占到 2.06%，批发、零售业和住宿餐饮业占 1.89%，农、林、牧、渔业占 1.61% 左右，交通运输、仓储及邮电通信业和建筑业电力消费所占比例较小。

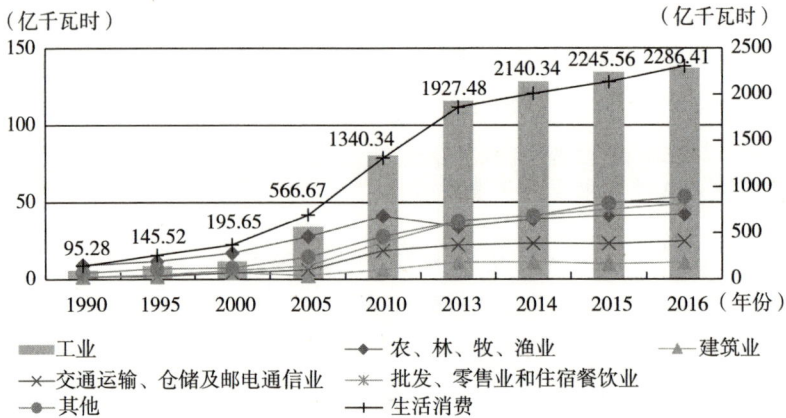

图 2-20　内蒙古自治区电力行业消费对比

各行业用电情况如下：

第一产业用电量为 419649 万千瓦时，同比增加 6058 万千瓦时，增长 1.46%，占全行业用电量比率的 1.70%，占全社会用电量比率的 1.61%，其中，12 月第一产业用电量为 13103 万千瓦时，同比增加 548 万千瓦时，增长 4.36%。

第二产业用电量为 22971482 万千瓦时，同比增加 416635 万千瓦时，增长 1.85%，占全行业用电量比率的 92.90%，占全社会用电量比率的 88.18%，其中，12 月第二产业用电量为 2061518 万千瓦时，同比增加 6865 万千瓦时，增长 0.29%。

第三产业用电量为 1274413 万千瓦时，同比增加 95590 万千瓦时，增长 8.11%，占全行业用电量比率的 5.17%，占全社会用电量比率的 4.89%，其中，12 月第三产业用电量为 118917 万千瓦时，同比增加 4864 万千瓦时，增长 4.26%；

全行业用电量总记为 24665544 万千瓦时，占全社会用电量比率的 94.68%。

城乡居民生活用电量为 1384763 万千瓦时，同比增加 103300 万千瓦时，增长 8.06%，其中，城市用电量为 975237 万千瓦时，占城乡居民生活用电量比率的 70.43%，乡村用电量为 409526 万千瓦时，占城乡居民生活用电量比率的 29.57%，城乡居民生活用电量占全社会用电量比率的 5.32%。其中，12 月城乡居民生活用电量为 118905 万千瓦时，同比增加 6222 万千瓦时，增长 5.52%。城市用电量为 86080 万千瓦时，占城乡居民生活用电量比率的 72.39%，乡村用电量为 32826 万千瓦时，占城乡居民生活用电量比率的 27.61%，城乡居民生活用电量占全社会用电量比率的 5.15%。

全区工业用电量为 22863170 万千瓦时，同比增加 407542 万千瓦时，增长 1.81%；轻、重工业用电量分别是 986221 万千瓦时、21876949 万千瓦时，同比分别增加 94468 万千瓦时、313074 万千瓦时，增长 10.59%、1.45%。

四、输送电

在外送电方面，全区调出量为 1450.31 亿千瓦时，外省（区、市）调入量为 16.48 亿千瓦时，出口量为 10.02 亿千瓦时。全年东送华北电量为 260.6 亿千瓦时，同比减少 2.3%；南送榆林地区电量为 31.67 亿千瓦时，同比增长 24.9%；北送蒙古国电量为 9.88 亿千瓦时，同比增长 29.9%。2016 年以来，面对内需不振、经济增长乏力的宏观形势，内蒙古自治区电力部门将充分利用市场手段和优质服务保护市场，主动落实重大项目、重点园区的用电需求，跟踪服务在谈项目、新入驻和重点企业，积极做好用电服务工作，采取有力措施保障部分盟市地区平稳度过缺电期。

近年来，随着东部地区大气污染治理力度的不断加大，倒逼其燃煤替代进程的加快。2013 年发布的《大气污染防治行动计划》提出，京津冀、长三角、珠三角等区域要通过逐步提高接受外输电比例、增加天然气供应、加大非化石能源利用强度等措施替代燃煤。种种举措倒逼了煤炭大省的转型发展，敦促煤炭产业实现由煤炭外送向煤电外送转变。在此背景下，内蒙古自治区、山西省等都在电力外送领域发力。

2015 年，在京津冀饱受雾霾困扰的时候，一条消息提振了这些地区对于治霾的信心——将大规模引进内蒙古自治区清洁电力。这一方面弥补了控煤留下的能源缺口；另一方面也将增加对内蒙古自治区电力的消纳空间。同时，使内蒙古自治区打造大型清洁能源输出基地的发展定位也日渐清晰。

随着内蒙古自治区电力外送通道不断完善，外送电量逐年递增。2016 年上半年，内蒙古自治区外送电量为 711 亿千瓦时，同比增长 7.47%，占全部发电量的 34%。其中，送东北地区电量为 260 亿千瓦时，送华北地区 436 亿千瓦时。另外，阿拉善盟地区风场送宁夏回族自治区电量为 1.4 亿千瓦时，鄂尔多斯地区送陕西省电量为 7 亿千瓦时。

内蒙古自治区向蒙古国电力出口量也在逐年增加。2016 年上半年，锡林郭勒地区、巴彦淖尔地区、包头地区、阿拉善地区送蒙古国电量达 5.9 亿千瓦时，同比增长 4.74%，其中，经甘其毛都口岸向蒙古国外输电力达到 5.57 亿千瓦时，同比增长 21.88%，出口值达 3.46 亿元。

全区跨省送电情况如下：

2016 年 1~12 月，全区外送电量为 13572672 万千瓦时，同比减少 117833 万千瓦时，下降 2.78%。

送东北地区电量为 4874510 万千瓦时，同比减少 56191 万千瓦时，下降 1.14%，其中，通辽地区送电量为 1029658 万千瓦时，同比增加 123394 万千瓦时，增长 13.62%；赤峰地区送电量为 1617939 万千瓦时，同比增加 26042 万千瓦时，增长 1.64%；呼伦贝尔地区送电量为 2201129 万千瓦时（含尼尔基水电外送电量），同比减少 210756 万千瓦时，下降 8.74%；兴安盟地区送电量为 25784 万千瓦时，同比增加 5129 万千瓦时，增长 24.83%。

送华北地区电量为 8348581 万千瓦时，同比减少 254322 万千瓦时，下降 2.96%，其中，内蒙古电力（集团）有限责任公司送电量为 2660050 万千瓦时，同比增加 41779 万千瓦时，增长 1.60%；大唐托克托发电公司直送电量为 2242282 万千瓦时，同比减少 154373 万千瓦时，下降 6.44%；岱海发电公司送电量为 1277850 万千瓦时，同比减少 75342 万千瓦时，下降 5.57%；北方公司上都发电厂送电量为 1561168 万千瓦时，同比减少 27571 万千瓦时，下降 1.74%；景隆发电公司送电量为 607231 万千瓦时，同比减少 38821 万千瓦时，同比下降 6.01%。阿拉善盟地区风场送宁夏回族自治区电量为 26870 万千瓦时，同比减少 4546 万千瓦时，下降 14.47%。鄂尔多斯地区送陕西省电量为 152328 万千瓦时，同比减少 73531 万千瓦时，同比下降 32.56%。鄂尔多斯地区送山西省电量为 59676 万千瓦时，与 2015 年同期持平。锡林郭勒地区、巴彦淖尔地区、包头地区、阿拉善地区送蒙古国电量为 110707 万千瓦时，同比增加 757 万千瓦时，同比增长 0.69%。

五、电力工业亟待解决的关键问题

"十三五"期间应启动电源结构的改革工作，推动绿色、低碳、高效、安全之路，以彻底解决长期以来不合理的电源结构问题。

1. 合理解决电源布局

30多年来，内蒙古自治区电源快速发展，但在电源资源上，没有依负荷需求构建合理布局与科学的峰荷、腰荷、基荷电源比例，除常规水电发展基本正常外，其他皆存在严重问题：过多使用煤电造成严重污染，居世界首位，发展核电过慢、过少和燃气循环发电严重不足、发展风电和太阳能缺乏必要调峰设施配合而导致严重弃电。所以只有合理电源布局，科学调峰，才能既解决缺电问题，又真正实现节能减排、安全经济的目的。

发展风电没有考虑客观存在的调峰问题。夜间用电低谷时往往是风电最好的发电时段，特别是远离负荷中心的大型风电基地，那么，为什么在规划/批准时不考虑影响其可行性的关键问题——调峰？结果就是造成严重弃电和浪费。中国风电装机居世界首位，太阳能发电增长速度也占据世界首位，就因为缺乏调峰能力，导致了"弃风""弃光"严重程度也占据首位，其发电年利用小时远低于全国水平。

2. 为了节能减排，应大力减少煤电装机比重并提高煤电发电效率

目前，内蒙古自治区煤电比重为88.5%，远大于全国（64.4%）水平，大力降低煤电比重应是电源结构改革的关键，特别是应重视合理解决当前存在的调峰问题，不要再依靠煤电违反科学过度降调峰，即可使煤电比重由88.5%降低到64%。

3. 加速发展核电

为了减少煤电比重，加速发展核电才会最有成效；风、太阳、生物等发电利用小时低，不足以替代化石能源。2014年，内蒙古自治区核电建设加强，中国的核电占近1.4%，已投运后二代技术，目前采用第三代AP1000机组，并已成为中国发展的主流，该技术具备"非能动安全系统"，可以不依赖外部电源，仅依靠重力、温差等自然力进行驱动，因此，不会出现日本福岛核泄漏类似的事故。

4. 加大加快水电（包括抽水蓄能）清洁能源建设

为了降低环境污染，应加大加快水电（包括抽水蓄能）清洁能源建设，这既降煤电比重，又更多承担调峰责任。内蒙古自治区很多具有调峰能力的老水电站，可按实际条件研究，扩大调峰能力。由于之前不懂得抽水蓄能移峰填谷的重要性，只规定电网公司负责投资建设管理，导致急需抽水蓄能配合才能提高火电热效/排污/安全的火电公司投资受限制，并使熟悉抽水蓄能技术的水电公司本可结合水电资源、地理条件、科学优选，做到更经济有效的充分发挥水资源的多发电，又多调峰的作用也受限制。

5. 可再生能源的发展也必须有调峰电源配合

全区 6000 千瓦及以上发电厂累计完成发电量为 4422.3 亿千瓦时，同比增长 12.01%，其中，火电为 3735.94 亿千瓦时，同比增长 10.74%；风电为 550.82 亿千瓦时，同比增长 18.7%；太阳能为 112.44 亿千瓦时，同比增长 35.49%；水电为 23.11 亿千瓦时，同比降低 15.47%。在累计完成的发电量中，蒙西地区为 3316.27 亿千瓦时，同比增长 13.23%；蒙东地区为 1106.04 亿千瓦时，同比增长 8.52%。

太阳能发电有两种技术：一是"太阳能热发电"，其将太阳能→热能→机械能→电能；二是"太阳能光伏发电"，其使用半导体光电器件将光能→电能。对光伏发电有两种布局：一是集中式的光伏电站，在适宜的地区，并和水电、风电结合互补；二是分布式光伏发电应优先开发分散/分布型，并在城镇住宅、工业、经济、公共设施等建筑屋顶建设，发电自用，也可供热自用。

6. 加快建设坚强智能电网

内蒙古自治区立足自主创新，推广应用特高压等先进成熟输电技术，加快建设坚强跨区、跨国骨干网架，促进大型能源基地集约化开发和高效利用，实现更大范围的资源优化配置。2020 年前后，建成福建省与中国台湾电网联网工程，实现台湾与祖国大陆联网。跨区电网结构增强，特高压交直流并举，相辅相成，满足大煤电、大水电、大核电和大可再生能源基地送出和大受端电网可靠运行需要。配电网结构增强，供电能力和供电可靠性得到大幅度提高。智能电网将为大型能源基地的集约化开发与能源外送，分布式电源、智能家电、电动汽车的广泛应用以及为智能楼宇、智能社区、智能城市建设提供安全可靠的保障。各电压等级电网功能定位更加明确，结构坚强、发展协调，智能化关键技术和设备得到广泛应用，电力系统各环节基本实现智能化，各项技术经济指标和装备质量全面达到或领先于国际水平。

第四节　内蒙古自治区新能源

2016 年，受地缘政治冲突、金融市场波动、"去全球化"寒潮来袭、英国脱欧公投、美国大选以及美联储加息预期反复变化等因素影响，全球经济依然疲弱，并延续多年以来格局分化的态势。发达经济体复苏乏力，经济保持低速增长；新兴经济体面临诸多挑战，但因资本外流态势有所减缓，使实体经济运行渐趋平稳。根据我国银行的初步预估，2016 年全年，全球经济增速仅为 2.5%，创五年来新低。

目前，从全球能源消费结构来看，煤炭、石油和天然气三足鼎立。而中国却高度依赖煤炭，其在中国能源消费中占比高达 63.72%，远高于全球 29.21% 的水平。因此，借助全球能源消费的转型升级，中国持续发力新能源，有其必然性和紧迫性。

经过 10 年的努力，中国新能源的发展走在了世界前列。2016 年，中国风电、光伏发电新增装机容量分别为 2337 万千瓦和 3454 万千瓦，累计装机量为 16873 万千瓦和 7742 万千瓦。就风电而言，2015 年中国风电新增装机量创新高，达到 3075 万千瓦，同比增长 32.54%，2016 年有所放缓，同比下降 24%，但仍然高于 2014 年水平。风电发电量持续增长，2017 年上半年，中国风电发电量为 1490 亿千瓦时，同比增长 21%。

发展新能源、清洁能源和可再生能源，可以逐步改善内蒙古自治区以煤炭为主的能源结构，促进常规能源资源更加合理有效的利用，缓解与能源相关的环境污染问题，使内蒙古自治区能源、经济与环境协调发展，实现可持续发展的目标。

专栏3

新能源行业产业链

新能源存在着上、中、下游环节，上游主要是原材料和原料的开采加工，中游主要是设备制造，下游是输变电和消费。纵向看来，新能源发电将从基建开始，到设备安装，再到运营。

新能源行业各子行业如核力发电、风力发电、太阳能发电以及其他发电行业均有各自完整的产业链运行方式，子行业间无上、下游链式影响关系，运行情况相对独立（见图 2-21）。

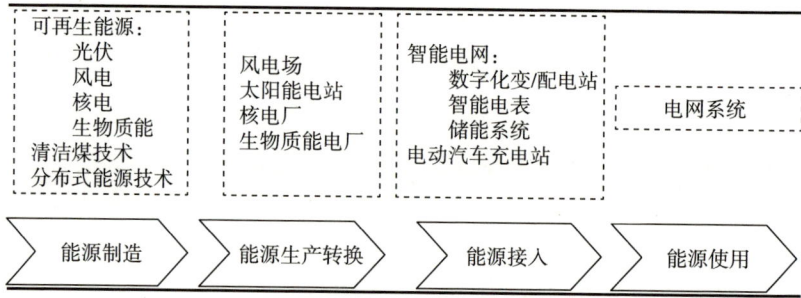

可再生能源:
光伏
风电
核电
生物质能
清洁煤技术
分布式能源技术

风电场
太阳能电站
核电厂
生物质能电厂

智能电网:
数字化变/配电站
智能电表
储能系统
电动汽车充电站

电网系统

能源制造　　能源生产转换　　能源接入　　能源使用

图 2 - 21　新能源产业链

资料来源: 世经未来。

光伏、风力、生物质能是新能源, 核电可以被称为"清洁能源", 因为它们没有碳排放, 也没有粉尘。核电是不可再生的, 而且, 作为一种矿物, 铀矿石的含量甚至比煤炭和石油更少, 如果各国的核电计划如期实施的话, 能够用来进行产生核电的铀矿石会比石油更早地被开采完毕。但核电确实清洁, 前提是不发生核泄漏事故。三厘岛、切尔诺贝利、日本福岛核电站发生的事故, 使得人们对核电站的安全性不再像一开始那样有信心了。所以, 包括德国、日本在内的许多国家, 宣布或者暂停, 或者永久停止核电站的建设。

一、内蒙古自治区新能源总体概况

1. 2016 年中国新能源发展

（1）概况。截至 2016 年底, 全国可再生能源发电装机容量为 5.7 亿千瓦, 占全部电力装机的 34.6%, 其中, 水电装机为 3.32 亿千瓦, 占全部电力装机的 20.2%; 风电装机为 1.49 亿千瓦, 占全部电力装机的 9.0%; 光伏发电装机为 7742 万千瓦, 占全部电力装机的 4.7%; 生物质发电装机为 1214 万千瓦, 占全部电力装机的 0.7%。

2016 年, 国家电力（集团）有限责任公司在经营区域内积极消纳 11893 亿度清洁能源电量的同时, 也面临着严峻的弃水、弃风、弃光问题。电源结构不合理、电源与电网发展不协调、省间壁垒严重、市场和政策机制建设不健全是造成上述问题的主要原因。

2015 年, 中国的新能源投资达 1029 亿美元, 占全球投资总量的 1/3。2016

年，中国面向海外的新能源投资同比增长 60%，达 320 亿美元，已成为全球新能源投资的"稳定器"，发挥着不可或缺的引领作用。

截至 2016 年底，中国风电和太阳能并网装机容量已分别达到 1.47 亿千瓦和 7800 万千瓦，均位居世界首位。但是，在装机容量快速增长的同时，新能源消纳问题日益突出，弃风和弃光问题也愈发严峻。根据国家能源局公布的统计数据，2016 年前三季度全国弃风电量为 394.7 亿千瓦时，平均弃风率为 19%，甘肃省、新疆维吾尔自治区弃风率均超过了 40%。

目前，中国新能源产业主要面临的问题：一是政策风险。二是产能风险。新能源装备制造业的低端化和无序化，尤其是在风电和光伏发电方面，导致较为严重的同质化竞争和低端产能过剩。风电、光伏行业产能都已达到或超过产能上限，平均产能利用率都在 70% 左右。三是技术风险。四是出口风险。五是财务风险。

（2）主要特征。国家不断出台政策激励社会资本参与能源投资，促进行业发展并强化市场的自主调节作用。多能互补、构建智慧能源系统也将成为未来清洁能源的主要发展方向之一，清洁能源发展将更加注重经济效益，遵循产业发展规律，其将迎来以下转型变革新起点：

1）太阳能产业化成熟，装机量位于世界之首。太阳能产业化逐步成熟，全球太阳能发电已初具规模，装机量位于世界首位；中国分布式光伏或将迎来快速发展；光伏制造产业链趋于完善，进入质量优化阶段，产业结合将成为政策鼓励的新方向，光伏与传统产业协同发展，为社会带来多重效益。

2）全球风电装机容量稳定增长，海上风电迎来利好。全球风电装机容量稳定增长，2016 年累计容量达 486.7 吉瓦；限电地区与非限电地区分化发展，格局得到优化；风电产业链不断发展，中游整机厂商话语权和议价能力进一步增强。国家政策鼓励海上风电发展，迎来利好，其可持续盈利能力将吸引更多风电企业加入。

3）新能源汽车。新能源汽车整车市场面临深度整合，迎来产业拐点，销售结构也将面临进一步调整，动力电池产业前景良好，面临技术洗牌；产业链向集中化、高端化发展。

专栏4

关于新能源消纳知识点

电力系统的特性是发、输、配、用电瞬时完成，电源调节能力、电网联通规模、负荷规模及响应能力共同决定了新能源消纳潜力。电力系统平衡的原则是调节常规电源出力跟踪负荷变化，当高比例新能源接入电力系统时，常规电源不仅要跟随负荷变化，还需要平衡新能源的出力波动，电源调节能力影响新能源消纳程度。电网互联后，可根据新能源出力灵活安排外送，相当于增大了新能源消纳空间。通过各类电能替代措施，增加用电规模，可为新能源消纳提供额外空间；通过需求侧响应可实现负荷的调节与转移，更好地适应新能源出力变化，减少弃风、弃光现象。

发挥各类技术潜力提升新能源消纳水平，需要政策和机制的积极引导。比如，中国现有纯凝式火电的最小技术出力基本可以降至机组容量的40%左右，但在没有市场激励的前提下，电厂不会主动发挥这种调节能力。东北区域实施电力辅助服务市场，通过价格信号激励电厂进行主动调节，则是政策机制发挥作用的良好示范。

综上，促进新能源消纳，既需要技术驱动，也需要政策引导和市场机制配合。由此，将影响新能源消纳的关键因素总结为"3+1"的分析框架，"3"指"源—网—荷"三方，相当于硬件系统，决定消纳的潜力；"1"指政策及市场机制，相当于软件系统，决定消纳潜力发挥的程度（见图2-22）。

在电源侧，通过提高电源调节能力，提供更多调峰容量配合新能源消纳。通过开展煤电机组灵活性改造、加快"三北"地区抽水蓄能电站建设、促进自备电厂调峰等手段，可提高系统中电源的调节能力。

在电网侧，通过扩大电网覆盖范围，促进新能源大范围消纳。电网是实现电力资源优化配置的重要物质基础，其覆盖范围及联通程度在一定程度上决定了其覆盖范围内的新能源可开发利用规模。加快跨区输电通道建设，提高电网联通能力，可以调动更广泛的系统灵活性资源，满足大规模可再生能源外送和消纳的需求。另外，在电网安全运行的前提下，申请联络线传输功率调整，可充分利用区域间互济能力，将超出消纳空间的新能源输送到邻近区域。

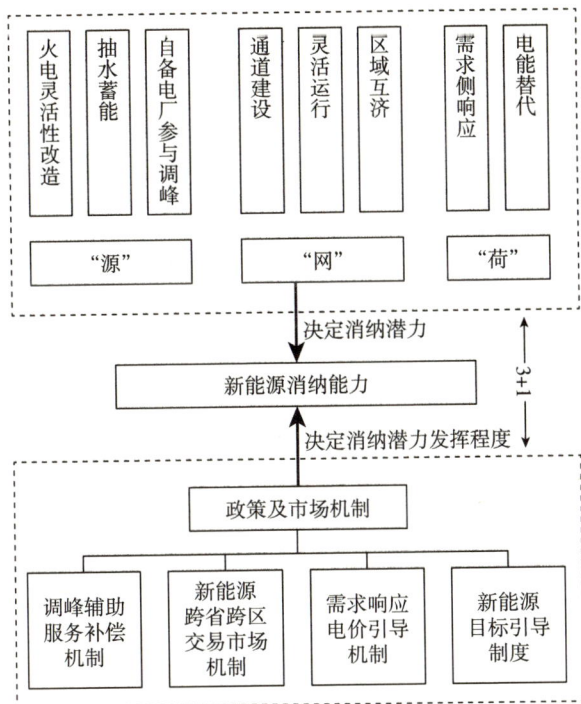

图 2-22　促进新能源消纳的关键因素框架

在负荷侧，通过实施需求侧响应和电能替代，增加新能源消纳空间。一方面，通过挖掘需方响应潜力，可以为新能源提供实时消纳空间。随着负荷侧灵活性增强，不仅可以通过需求侧响应减少负荷峰谷差，还可引导负荷跟随风电、太阳能发电的出力调整，有效减少弃电率。另一方面，通过加快实施电能替代，积极拓展本地消纳市场，也有利于促进新能源的消纳。

在政策市场机制方面，发展完善有利于"源—网—荷"协调发展的产业政策和新能源大范围优化配置的市场机制。在发电环节要建立完善的调峰辅助服务补偿机制，调动发电企业参与调峰的积极性；输电环节完善新能源跨省跨区消纳和交易机制；用电环节出台促进可中断负荷、电供热发展的配套激励政策，制定合理电价机制，引导用户参与需求侧响应，减少负荷峰谷差。

4）多能互补集成发展，探索智慧能源系统。由于新能源发电峰值的不稳定性，其与储能火电的结合是必然的，能源互补系统既有利于发展清洁能源，提高新能源占比，又有利于降低火电等高污染、高耗能的程度，一举多得。国家能源局首批多能互补集成优化示范工程项目名单中，首批工程共安排 23 个项目，其中，终端一体化集成功能系统 17 个，风光水火储多能互补系统 6 个。同时，除光伏、风能、水电外，清洁能源还有更多类型。截至 2015 年，可再生能源在全球发电量中占一定比例的有水电、风能、生物质能、太阳能光伏、光热发电、地热能和海洋能等。未来，这些种类的可再生能源都将结合非可再生能源，创造出一个更加清洁、利用率更高的能源互补发电系统。

5）遵循产业发展规律，消化存量，做优增量。在当前中国能源消费增速放缓、结构优化进程加快以及全球范围内的能源形势和气候急剧变化的多重背景下，能源产业正在从粗放式生产转向更高质量、更具效率的模式，调整能源结构、推动清洁能源的更广泛应用成为现阶段中国能源发展政策中的关键环节。

2. 内蒙古自治区新能源发展

（1）2016 年内蒙古自治区新能源发展概况。内蒙古自治区太阳能辐射总量为 4800～6400 兆（焦耳/平方米），仅次于西藏自治区，位居全国第二，全区风能储量为 10.1 亿千瓦，占全国风能总储量的 1/5，居全国之首。内蒙古自治区紧邻京津冀地区和东北老工业基地，能源外送便捷。内蒙古自治区依托资源优势和区位优势，其新能源产业发展速度走到了全国前列。

内蒙古自治区规模以上工业发电量同比增长较为平稳，累计发电为 3795.62 亿千瓦时，同比增长 1.4%；新能源年发电量突破 6.24 亿千瓦时，创历史新高。全区 6000 千瓦及以上工业企业装机容量为 11030.17 万千瓦，同比增长 6.2%。其中，火电为 7601.25 万千瓦、风电为 2555.71 万千瓦、水电为 237.54 万千瓦。

风能发电有所增长。全区规模以上工业风力发电为 412.20 亿千瓦时，同比增长 9.0%。风力发电量最大的是乌兰察布市，风力发电为 96.91 亿千瓦时，同比增长 14.6%，占全区风力发电量的 23.5%。

太阳能发电保持快速增长。全区规模以上工业太阳能发电量为 54.98 亿千瓦时，同比增长 42.0% 点。包头市、赤峰市两个地区的太阳能发电同比增长较快，分别以 2.1 倍、1.4 倍的速度快速增长。

（2）内蒙古自治区新能源发展特点。内蒙古自治区新能源发展有以下几个特点：

1）风电保持健康发展趋势，弃风、弃电现象有所削弱。2016 年，全国风电保持健康发展势头，全年新增风电装机 1930 万千瓦，累计并网装机容量达到 1.49 亿千瓦，占全部发电装机容量的 9%，风电发电量为 2410 亿千瓦时，占全部发电量的 4%。全国风电平均利用小时数为 1742 小时，同比增加 14 小时，全年弃风电量 497 亿千瓦时。

2016 年，全国新增并网容量较多的地区是云南省（325 万千瓦）、河北省（166 万千瓦）、江苏省（149 万千瓦）、内蒙古自治区（132 万千瓦）和宁夏回族自治区（120 万千瓦），风电平均利用小时数较高的地区是福建省（2503 小时）、广西壮族自治区（2365 小时）、四川省（2247 小时）和云南省（2223 小时）。

2016 年，全国弃风较为严重的地区是甘肃省（弃风率 43%、弃风电量 104 亿千瓦时）、新疆维吾尔自治区（弃风率 38%、弃风电量 137 亿千瓦时）、吉林省（弃风率 30%、弃风电量 29 亿千瓦时）、内蒙古自治区（弃风率 21%、弃风电量 124 亿千瓦时）。

2) 内蒙古自治区新能源电力消纳水平显著提升。2016 年 4 月 16 日，内蒙古自治区电网新能源消纳刷新历史纪录，新能源单日发电量超过 2 亿千瓦时，新能源最大电力达到 1156 万千瓦，占比达到全网实时发电出力的 46.77%，其中，风电最大发电负荷突破 1000 万千瓦，达到 1038 万千瓦，最大占比达到全网实时出力的 42.02%。

从 2006 年的 13.3 万千瓦到 2016 年的 2155.5 万千瓦（风电 + 光伏），内蒙古自治区电网新能源装机容量 11 年间增长 162 倍，年均增幅超过 20%，在省级电网中新能源装机容量仅次于新疆维吾尔自治区居全国第二位，新能源装机占比接近 37.5%，在实际运行中新能源装机甚至超过全网开机容量的 47%。近四年来，绿色风电早已成为"缺水无核"的蒙西地区第二大主力电源，已由补充能源向替代能源渐次过渡。

内蒙古自治区近年来陆续新建了 500 千伏白音高勒变、察右中变、武川变、庆云变、定远营变，220 千伏乌后旗开闭站、文更变、白同开闭站、锡西开闭站等变电站及相关线路，完成了对锡林郭勒的西苏地区、包头的百灵庙地区、巴彦淖尔的乌拉特后旗地区及阿拉善的贺兰山地区等新能源场站分布相对集中地区的线路切改，通过持续建设、改造，使内蒙古自治区电网新能源电力有效送出得到保障。同时，持续强化新能源调度运行管理和技术研究，以科技创新促电网绿色发展，提高电网的新能源接纳能力。从 2011 年开始，陆续投运风电功率预测、控制、运行指标分析、弃风/光自动统计等运行系统，建设投运了国内首套新能源技术支持系统，通过在实际运行中的不断完善，并通过与火电 AGC、地区负荷预测和抽水蓄能电站的配合使用，在最大限度上提高了内蒙古自治区电网的新能源接纳水平，为内蒙古自治区新能源接纳提供了强大技术支撑。

3）内蒙古自治区新能源发电装机规模扩大。随着风电光伏等新能源发电装机规模扩大，内蒙古自治区积极采取措施推进新能源市场化运作，实现新能源的就近消纳。2016 年，内蒙古自治区新能源装机规模以及发电量在全国继续保持领先水平。截至 2016 年底，全区电力装机容量达 11030 万千瓦，增长 6.2%，其中风电达 2556 万千瓦、光伏为 636 万千瓦、水电为 238 万千瓦。发电量 3948 亿千瓦时，外送电量为 1357 亿千瓦时。

二、内蒙古自治区太阳能产业

1. 2016 年中国新能源发展

（1）水平面太阳能资源。2016 年，全国陆地表面平均水平面总辐射量为 1478.2 千瓦时/平方米，较近 10 年（2004～2013 年）平均值偏少 22.5 千瓦时/平方米，相对偏低 1.50%（见图 2－23），与 2015 年基本相当。

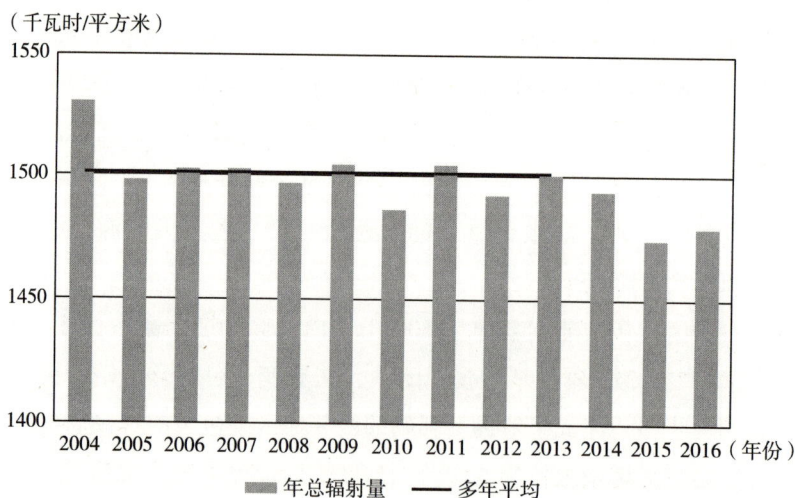

图 2－23　2004～2016 年全国陆地表面水平面总辐射年辐射量年际变化

太阳能资源地区性差异较大，总体上呈现高原、少雨干燥地区大；平原、多雨高湿地区小的特点。2016年，中国东北、华北、西北和西南地区大部水平面总辐射年总量超过1400千瓦时/平方米，其中，新疆维吾尔自治区东部、西藏自治区中西部、青海省大部、甘肃省西部、内蒙古自治区西部水平面总辐射年辐射量超过1750千瓦时/平方米，太阳能资源最丰富；新疆维吾尔自治区大部、内蒙古自治区大部、甘肃省中东部、宁夏回族自治区、陕西省、山西省、河北省北部、青海省东部、西藏自治区东部、四川省西部、云南省大部及海南省等地水平面总辐射年辐射量1400～1750千瓦时/平方米，太阳能资源很丰富；东北大部、华北南部、黄淮、江淮、江汉、江南及华南地区大部水平面总辐射年辐照量1050～1400千瓦时/平方米，太阳能资源丰富，四川省东部、重庆市、贵州省中东部、湖南省及湖北省西部地区水平面总辐射年辐射量不足1050千瓦时/平方米，为太阳能资源一般区域（见表2-7）。

表2-7 太阳能资源等级及分级阈值

名称	等级符号	分级阈值（千瓦时/平方米）
最丰富	A	≥1750
很丰富	B	1400～1750
丰富	C	1050～1400
一般	D	<1050

（2）固定式光伏发电太阳能资源。固定式光伏发电可利用的太阳能资源，即光伏组件按照最佳倾角放置时能够接收的太阳总辐射，简称为"最佳斜面总辐射"。根据目前国内的设计经验，按照80%的总体系统效率，计算得到固定式光伏电站的首年利用小时数。

2016年，全国平均的最佳斜面总辐射量为1712.7千瓦时/平方米，较近10年（2004～2013年）平均值偏少60.7千瓦时/平方米，相对偏低3.42%，与2015年基本持平；全国平均的固定式光伏电站首年利用小时数为1370.3小时，较近10年（2004～2013年）平均值偏少48.4小时，相对偏低3.42%，与2015年基本持平。

全国最佳斜面总辐射及光伏发电首年利用小时数空间分布显示，2016年，中国东北、华北、西北和西南地区大部分年最佳斜面总辐射量超过1400千瓦时/平方米，首年利用小时数在1200小时以上，其中新疆维吾尔自治区东南部、青藏高原、甘肃省西部、内蒙古自治区、四川省西部等地的年最佳斜面总辐射超过 1800 千瓦时/平方米, 首年利用小时数在 1500 小时以上, 局部超过 1800 小时; 重庆市南部、贵州省北部、湖南省南部及湖北省西南部地区, 年最佳斜面总辐射量在 1000 千瓦时/平方米以下, 首年利用小时数小于 900 小时; 此外陕西省南部、河南省、安徽省、江苏省、四川省东部、湖北省大部、江西省、湖南省大部、浙江省、福建省、台湾省、广州市、福建省、广西省中部、贵州省西南部等地的年最佳斜面总辐射量在 1000～1400 千瓦时/平方米。

影响太阳能资源的因素较多, 云和气溶胶是两大主要影响因子。2016 年, 全国平均降雨日数 (日降水量大于或等于 0.1 毫米的天数) 比常年偏高约 6.1%, 也是导致达到地表的太阳总辐射量减少的原因之一。

(3) 全国光伏装机容量。2016 年底, 中国光伏发电新增装机容量为 3454 万千瓦, 累计装机容量为 7742 万千瓦, 新增和累计装机容量均为全球第一, 其中, 光伏电站累计装机容量为 6710 万千瓦, 分布式累计装机容量为 1032 万千瓦。全年发电量为 662 亿千瓦时, 占中国全年总发电量的 1%。

光伏发电向中东部转移。全国新增光伏发电装机中, 西北地区为 974 万千瓦, 占全国的 28%; 西北以外地区为 2480 万千瓦, 占全国的 72%; 中东部地区新增装机容量超过 100 万千瓦的省份达 9 个, 分别是山东省为 322 万千瓦、河南省为 244 万千瓦、安徽省为 225 万千瓦、河北省为 203 万千瓦、江西省为 185 万千瓦、山西省为 183 万千瓦、浙江省为 175 万千瓦、湖北省为 138 万千瓦、江苏省为 123 万千瓦。

分布式光伏发电装机容量发展提速, 2016 年新增装机容量为 424 万千瓦, 比 2015 年新增装机容量增长 200%。中东部地区分布式光伏有较大增长, 新增装机排名前 5 位的省份是浙江省 (86 万千瓦)、山东省 (75 万千瓦)、江苏省 (53 万千瓦)、安徽省 (46 万千瓦) 和江西省 (31 万千瓦)。

2. 内蒙古自治区太阳能资源

内蒙古自治区太阳能资源较丰富, 年总辐射量为 4830～7010 兆焦/平方米, 仅次于西藏自治区, 位居全国第二。内蒙古自治区紧邻京津冀地区和东北老工业基地, 能源外送便捷。依托资源优势和区位优势, 内蒙古自治区新能源产业发展速度走到了全国前列。

全区太阳能资源分布自东向西南递增, 阿拉善盟、鄂尔多斯市和巴彦淖尔市等地区太阳能资源较好，尤其是阿拉善盟额济纳旗太阳能资源最为丰富。根据相关资源数据，暂将内蒙古自治区太阳能资源划分为六个区：较丰富区Ⅰ、较丰富区Ⅱ、较丰富区Ⅲ、较丰富区Ⅳ、较丰富区Ⅴ和较贫乏区Ⅵ。

较丰富区Ⅰ。太阳能总辐射量年均为1700～1740千瓦时/平方米，主要分布在阿拉善盟阿右旗、额济纳旗；鄂尔多斯市杭锦旗、鄂托克旗。

较丰富区Ⅱ。太阳能总辐射量年均为1650～1700千瓦时/平方米，主要分布在呼和浩特市新城区、回民区、玉泉区、赛罕区、土默特左旗、托克托县、和林格尔县、清水河县；包头市东河区、昆都仑区、青山区、九原区、石拐区、白云矿区、土默特右旗、固阳县、达茂旗；锡林郭勒盟二连浩特市、苏尼特右旗、镶黄旗；乌兰察布市集宁区、丰镇市、察右前旗、察右后旗、凉城县、卓资县、兴和县、商都县；鄂尔多斯市东胜区、达拉特旗、准格尔旗、伊金霍洛旗、乌审旗、鄂托克前旗；巴彦淖尔市五原县、乌拉特中旗、乌拉特前旗；乌海市海勃湾区、乌达区、海南区；阿拉善盟阿左旗。

较丰富区Ⅲ。太阳能总辐射量年均为1600～1650千瓦时/平方米，主要分布在呼和浩特市武川县；赤峰市喀喇沁旗、宁城县；锡林郭勒盟苏尼特左旗、太仆寺旗、正镶白旗、正蓝旗、多伦县；乌兰察布市四子王旗、察右中旗；巴彦淖尔市临河区、磴口县、杭锦后旗、乌拉特后旗。

较丰富区Ⅳ。太阳能总辐射量年均为1500～1600千瓦时/平方米，主要分布在兴安盟科右中旗、突泉县；通辽市科尔沁区、霍林郭勒市、科左中旗、科左后旗、开鲁县、库伦旗、奈曼旗、扎鲁特旗；赤峰市红山区、元宝山区、松山区、阿鲁科尔沁旗、巴林左旗、巴林右旗、林西县、克什克腾旗、翁牛特旗、敖汉旗；锡林郭勒盟锡林浩特市、阿巴嘎旗、东乌旗、西乌旗。

较丰富区Ⅴ。太阳能总辐射量年均为1400～1500千瓦时/平方米，主要分布在呼伦贝尔市海拉尔区、满洲里市、莫力达瓦达斡尔族自治旗、鄂温克族自治旗、新左旗、新右旗、陈巴尔虎旗；兴安盟乌兰浩特市、阿尔山市、科右前旗、扎赉特旗；乌兰察布市化德县。

较贫乏区Ⅵ。太阳能总辐射量年均小于或等于1400千瓦时/平方米，主要分布在呼伦贝尔市扎兰屯市、牙克石市、额尔古纳市、根河市、阿荣旗、鄂伦春自治旗。

根据气象站数据计算，内蒙古自治区部分市（盟/州/地区）多年平均的太阳辐照数据如图2-24所示，其中，鄂尔多斯市的日照时数达到3205小时，居内蒙古自治区首位，年均太阳总辐射量也大于 1700 千瓦时/平方米。

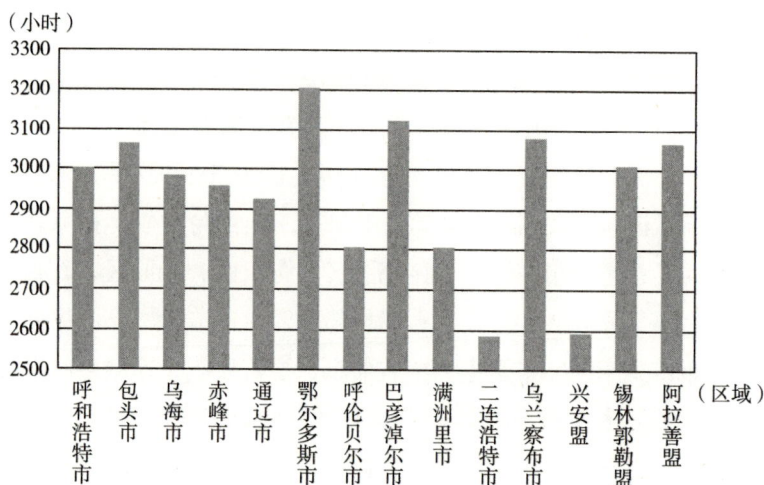

图 2-24   各市（盟/州/地区）多年平均年日照时数分布

资源稳定程度。太阳能稳定程度用各月的日照时数大于 6 小时天数的最大值与最小值的比值表示，其稳定程度分为稳定、较稳定、不稳定三个级别。14 个市（盟/州/地区）中二连浩特市和阿拉善盟属于较稳定地区，其余市（盟/州/地区）均属于稳定地区。

3. 内蒙古自治区光伏产业发展现状

2016 年，不计光伏扶贫项目，内蒙古自治区共获得 210 万千瓦光伏指标，其中，普通光伏电站规模为 60 万千瓦，包头和乌海光伏领跑者基地规模分别为 100 万千瓦和 50 万千瓦。

截至 2016 年上半年，蒙西电网累计光伏装机容量为 519.4 万千瓦，并网光伏电站为 147 座，装机规模排全国第四位。2016 年，内蒙古自治区引进两家组件制造企业，全部投产后，产能将达到 8 兆瓦。但硅材料企业由于投入较大，贷款难，技术、设备更新较慢，多数不能满负荷生产。对于大型光伏电站来讲，补贴滞后，税费负担较大；分布式光伏项目则存在并网难以及资金短缺难题。

光伏发电企业的上网电价多少历来被认为是光伏发电企业的生死牌。几年间，光伏发电上网电价一直在低位徘徊。国家发展和改革委员会对全国三类资源区的上网标杆电价进行了调整，2016 年光伏发电上网电价：除内蒙古自治区赤峰市、通辽市、兴安盟、呼伦贝尔市以外的一类资源区光伏发电上网标杆电价为 0.80 元/千瓦时，赤峰市、通辽市、兴安盟、呼伦贝尔市二类资源区光伏发电上网标杆电价为 0.88 元/千瓦时，较上一年略高。

4. 太阳能产业重点项目

（1）内蒙古自治区普通光伏地面电站项目。依据新的光伏电站建设指标分配，内蒙古自治区获得的 60 万千瓦光伏电站项目中分别给予内蒙古自治区 12 盟市和二连浩特市、满洲里市两个计划单列市。本次光伏电站项目核准和指标分配，具有严格的审核和布局条件，指标下发较公允且坚持淘汰落后产能、鼓励新上高技术光伏电站项目。在项目选址上，重点利用荒地和采煤塌陷区。上海电力设计院有限公司已完成《包头市采煤沉陷区光伏产业示范基地项目方案》。本次规划的太阳能发电区域分别位于内蒙古自治区包头市石拐区和土右旗，综合考虑规划区域内的地形地貌、人口聚集区、交通条件、电网规划等因素进行科学规划布局。在鄂尔多斯市、锡林郭勒盟等采煤区，也重点选址在采空区附近进行光伏电站项目的选址，同时兼顾运行后并网的便利。

2016 年国家给内蒙古自治区普通光伏项目的指标为 60 万千瓦，2016 年 8 月 17 日内蒙古自治区发展和改革委员会下发《关于我区 2016 年普通光伏电站建设指标分配的通知》（内发改能源字〔2016〕903 号），确定了各盟市指标的分配，如表 2 - 8 所示。

表 2 - 8　内蒙古自治区各市（盟/州/地区）光伏地面电站项目分配情况

编号	盟市	指标分配（万千瓦）	合计（万千瓦）	地区
1	阿拉善盟	2		
2	巴彦淖尔市	6		
3	乌海市	4		
4	鄂尔多斯市	4		
5	包头市	4	40	蒙西地区
6	呼和浩特市	6		
7	乌兰察布市	10		
8	锡林郭勒盟	2		
9	二连浩特市	2		

续表

编号	盟市	指标分配（万千瓦）	合计（万千瓦）	地区
10	赤峰市	9		
11	通辽市	4		
12	兴安盟	3	20	蒙东地区
13	呼伦贝尔市	3		
14	满洲里市	1		

（2）内蒙古自治区领跑者项目。包头市和乌海市光伏领跑者基地项目经过激烈竞标，最终确定了入围投资商，包头 12 家，最低电价 0.52 元/千瓦时；乌海 7 家，最低电价 0.45 元/千瓦时。

1）包头市采煤沉陷区光伏领跑技术基地。包头市领跑者基地共 12 个项目，累计规模为 100 万千瓦时，包头市石拐区、土右旗分别为 50 万千瓦时，包含 12 个示范项目（7 个项目单体容量为 10 万千瓦时，4 个项目单体容量为 5 万千瓦时），1 个平台项目（项目单体容量为 10 万千瓦）。项目分配情况如表 2 – 9 所示。

表 2 – 9　内蒙古自治区包头市领跑者基地中标情况

单位：元/千瓦时

投资企业名称	申报电价	当地贡献
特变电工新疆新能源股份有限公司	0.59	有地方转型贡献
国家电投集团内蒙古新能源有限公司	0.57	—
华电内蒙古能源有限公司	0.52	—
阿特斯（中国）投资股份公司	0.59	—
英利能源（中国）有限公司	0.56	—
浙江正泰新能源开发有限公司	0.59	—
北方联合电力有限责任公司	0.53	—
联合光伏（常州）投资有限公司	0.60	—
常州天合光能有限公司	0.56	—
北控清洁能源集团有限公司	0.63	有地方转型贡献
青岛昌盛日太阳能科技股份有限公司	0.52	—
内蒙古能源发电投资集团有限公司	平台项目	—

2）乌海市采煤沉陷区光伏领跑技术基地。乌海市领跑者基地共7个项目，累计规模为50万千瓦时，分三个片区，海勃湾区建设25万千瓦时、海南区建设15万千瓦时、乌达区10万千瓦时，3个项目单体容量为10万千瓦时，4个项目单体容量为5万千瓦时。项目分配情况如表2-10所示。

表2-10　乌海领跑者基地项目分配情况　　　　　　单位：元/千瓦时

投资企业名称	申报电价	当地贡献
北控清洁能源集团有限公司	0.58	有地方转型贡献
英利能源（中国）有限公司	0.45	—
阿特斯（中国）投资股份公司	0.50	—
五凌电力有限公司	0.53	—
中广核太阳能开发有限公司	0.53	—
协鑫新能源投资有限公司	0.48	—
东方日升（宁波）电力开发有限公司	0.52	—

（3）内蒙古自治区光伏示范项目。为探索可再生能源创新利用方式及发展模式，提高其利用规模及技术水平，促进地区经济社会发展，在内蒙古自治区锡林郭勒盟建设可再生能源微电网示范项目。

该示范项目共包括7个集群，可再生能源发电总装机为253.5万千瓦。暂定风电、光伏和储能部分建设期12个月、光热项目建设期为24个月，时间从项目获得核准（备案）开始；开发经营期为25年（不含建设期）。

（4）亿利生态光伏310兆瓦项目。鄂尔多斯市库布齐沙漠建成的亿利生态光伏310兆瓦项目，已经并网发电，每年大约可以发电5.27亿度。

该项目的最大亮点是"生态发电"——板上发电、板下种植、板下养殖，即在太阳能光伏发电的同时，还在设备中间种植甘草中草药等沙漠经济植物，并养殖绵羊、灰雁等，进行立体化发展。板上发电对减少水分蒸发量、降低风速有重要作用，而板下种植则有利于固定荒沙。如此一来，除了太阳能发电带来的效益，还可以从种植养殖业中获得可观的综合经济效益。生态光伏发电让荒沙变为绿洲、变为"太阳谷"。该企业还启动了"光伏板清洗+光伏板下种植牧草"的扶贫项目，带动57户贫困户精准脱贫。

（5）中国首个沙漠"林光互补"示范项目被批准。内蒙古自治区亿利资源集团利用库布齐沙漠建设 1 兆瓦光伏、光热发电项目，防沙治沙，宜林地造林绿化相结合的一种新规划，并将该项目列入内蒙古自治区"林光互补"综合治沙产业示范基地。

这也是全国首个沙漠"林光互补"示范项目。库布齐沙漠 1000 兆瓦生态太阳能光伏、光热发电治沙发电综合示范项目，规划光伏发电 800 兆瓦、光热发电 200 兆瓦，项目总投资为 109.17 亿元，治沙面积 78000 亩。据悉，项目完全租用农牧民未利用荒沙地进行建设。

该项目已成功建成 310 兆瓦光伏治沙并网电站，是目前国内一次性建成的最大光伏发电项目之一，也是国内首个治沙光伏项目。项目整体建成后，社会效益、生态效益、民生效益、经济效益显著。

库布齐沙漠是中国第七大沙漠，"库布齐"为蒙古语，意思是弓上的弦，因为它处在黄河下，像一根挂在黄河上的弦，因此而得名，古称"库结沙""破讷沙"，亦作"普纳沙"。库布齐沙漠是距北京最近的沙漠。位于鄂尔多斯高原脊线的北部，内蒙古自治区伊克昭盟杭锦旗、达拉特旗和准格尔旗的部分地区。总面积约为 145 万公顷，流动沙丘约占 61%，长 400 千米，宽 50 千米，沙丘高 10~60 米，像一条黄龙横卧在鄂尔多斯高原北部，横跨内蒙古自治区三旗。形态以沙丘链和格状沙丘为主。

光伏组件不仅能发电，还能遮光、挡风，在沙漠里可减少蒸发量 800 毫米/年，降低风速 1.5 米/秒。光伏组件的下面、组件阵列之间灌溉系统采用微喷、膜下滴灌、渗灌等节水技术，比常规沙漠种植及灌溉模式节约用水 90% 以上，提高植物成活率 30% 以上。由于种植的甘草、苜蓿等植物具有生物固氮作用，土壤肥力逐年增加，土地逐渐由荒沙变为沃土，实现了土地增值。

（6）内蒙古自治区呼和浩特市光伏发电"领跑者"创新技术先行示范基地。2016 年 10 月 14 日，中国电建集团北京院完成的《呼和浩特市光伏发电"领跑者"创新技术先行示范基地发展规划及近期实施方案》通过了由水电水利规划设计总院组织的专家审查。

呼和浩特市作为内蒙古自治区的首府，地理位置优越，消纳条件较好；呼和浩特市可作为光伏基地"超级领跑者"计划实施城市，以充分发挥内蒙古自治区地区光伏资源丰富的优势，促进国内先进技术产品应用和产业升级，加快技术创新成果转化步伐。该项目装机容量为 1000 兆瓦，分两期实施，其中一期建设

400 兆瓦，2017 年建成投产；二期建设 600 兆瓦，2018 年建成投产。

（7）通辽市聚能 2 万千瓦屋顶光伏与现代农牧业相融合发电项目。通辽市聚能光伏有限责任公司 2 万千瓦屋顶光伏与现代农牧业相融合发电项目是继开鲁县 2017 年 4 月以来连续开工建设的第十五个重点项目，这个项目的开工建设，标志着开鲁县利用太阳能发展可再生能源产业又有了新的进展，标志着内蒙古自治区"七网同建强基础，七业同兴促转型"的发展思路正在转化为开鲁县的实际行动，标志着开鲁县清洁能源输出基地建设取得新的突破，对于拉动当地经济增长，推进开鲁县产业结构调整升级具有重大意义。

通辽市聚能光伏有限责任公司充分利用开鲁县太阳能、风能资源丰富，日照时间较长，能够为风力发电、太阳能光伏发电提供充足的风力、光照资源这一优势，规划设计 6 万千瓦，总投资 4.5 亿元，一期投资 1.6 亿元在开鲁镇民族村建设 2 万千瓦发电项目，占地 762 亩，建设 66 千伏升压站一座及送出线路 0.2 千米，同时配套建设设施农牧业大棚 252 座，项目建成后，年发电量 2864 万度，实现利税 200 万元。

5. 光伏产业发展困境及机遇

2016 年，内蒙古自治区引进两家组件制造企业，全部投产后，产能将达到 8 兆瓦。但硅材料企业由于投入较大，贷款难，技术、设备更新较慢，多数不能满负荷生产。对于大型光伏电站来讲，补贴滞后，税费负担较大；分布式光伏项目则存在并网难以及资金短缺难题。

"十三五"期间，内蒙古自治区确定了风光火打捆外送和就地消纳相结合的发展思路，初步规划新增太阳能并网规模 1600 万千瓦，其中光伏扶贫、光伏"领跑者"项目和光伏农业是发展重点。

到 2020 年，内蒙古自治区规划光伏并网规模累计达到 2100 万千瓦，多晶硅产能达到 10 万吨，单晶硅产能达到 4 万吨，太阳能电池及组件超过 10 兆瓦，全区光伏产业产值达到 1000 亿元。

目前，内蒙古自治区虽暂无直接针对光伏项目的地方补贴，但仍有其他相关的政策红利：

第一，内蒙古自治区财政厅的可再生能源建筑应用示范补助项目，每年有 9000 多万元。

第二，各盟市控制大气污染、可再生能源建筑示范城市方面的资金。

第三，科技口上，每年对于可再生能源应用和技术创新都可以申报一些科技项目。农业口上不多，目前只有离网发电系统可以纳入内蒙古自治区农机补贴。

三、内蒙古自治区风能产业

1. 2016 年中国风能资源

中国幅员辽阔、海岸线长，陆地面积约为 960 万平方千米，海岸线（包括岛屿）达 32000 千米，拥有丰富的风能资源，并具有巨大的风能发展潜力。

（1）风资源分布变化。2016 年，全国平均风速与 2015 年基本持平，105°E 经线成为风速偏差的分水岭，以东大部地区高于 2015 年水平，西部除青藏高原外，大部分地区低于 2015 年水平。

2016 年，中国陆地整体年平均风速比过去五年（2011～2015 年）偏高 0.77%。年平均风速较过去五年偏大的区域主要分布在东北地区、内蒙古自治区、华北地区北部、西北地区东部、青海省北部、新疆维吾尔自治区部分地区、西藏自治区中部和南部、黄淮、江淮、江汉、江南中西部、华南等地的部分地区；其余地区风速与过去五年相比处于偏低水平。

（2）风电装机容量。2016 年，全国（除中国台湾地区外）新增装机容量为 2337 万千瓦，同比下降 24%；累计装机容量达到 1.69 亿千瓦。2006～2016 年中国新增和累计风电装机容量如图 2-25 所示。

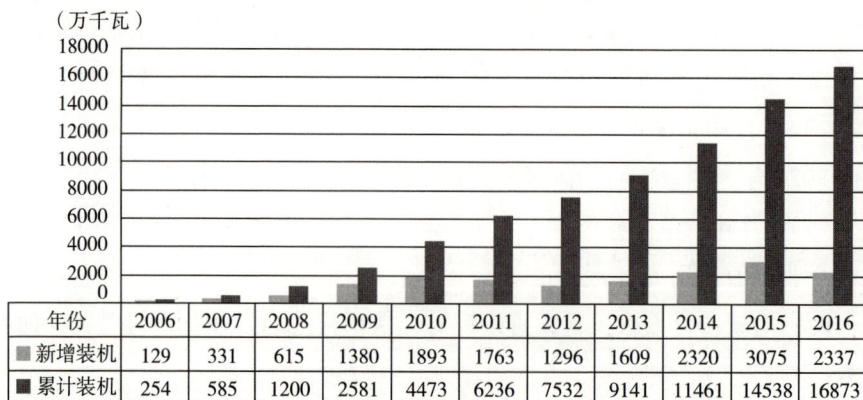

（万千瓦）

年份	2006	2007	2008	2009	2010	2011	2012	2013	2014	2015	2016
新增装机	129	331	615	1380	1893	1763	1296	1609	2320	3075	2337
累计装机	254	585	1200	2581	4473	6236	7532	9141	11461	14538	16873

图 2-25　2006～2016 年中国新增和累计风电装机容量

资料来源：CWEA。

2012～2016 年全国各区域新增风电装机容量趋势如图 2－26 所示。东北地区包括辽宁省、吉林省、黑龙江省；华北地区包括北京市、天津市、河北省、山西省、内蒙古自治区；华东地区包括山东省、江苏省、安徽省、上海市、浙江省、江西省、福建省；西北地区包括新疆维吾尔自治区、甘肃省、青海省、宁夏回族自治区、陕西省；西南地区包括四川省、重庆市、云南省、贵州省、西藏自治区；中南地区包括河南省、湖北省、湖南省、广东省、广西省和海南省。

（万千瓦）

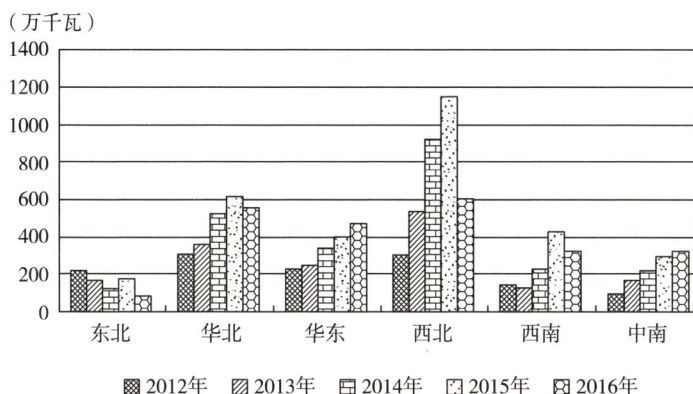

图 2－26　2012～2016 年中国各区域新增风电装机容量趋势

资料来源：CWEA。

2016 年，中国风电新增装机的整机制造商共 25 家，新增装机容量为 2337 万千瓦，其中，金风科技新增装机容量达到 634.3 万千瓦，市场份额达到 27.1%，位列第一。远景能源、明阳风电、联合动力和重庆海装分列 2～5 名（见图 2－27）。

近四年，风电整机制造企业的市场份额逐渐趋于集中。排名前五的风电机组制造企业市场份额由 2013 年的 54.1% 增加到 2016 年的 60.1%，排名前十的风电制造企业市场份额由 2013 年的 77.8% 增长到 2016 年的 84.2%。

截至 2016 年底，有五家整机制造企业的累计装机容量超过 1000 万千瓦，五家市场份额合计达到 55.9%，其中金风科技累计装机容量达到 3748 万千瓦，占国内市场的 22.2%。

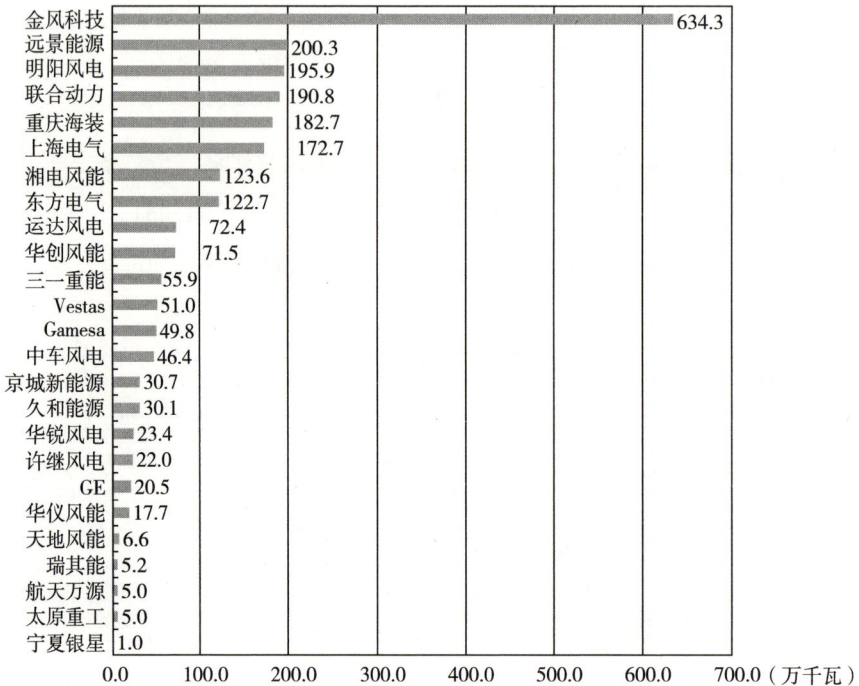

图 2 - 27   2016 年中国风电整机制造企业新增装机容量

资料来源：CWEA。

2016 年，中国新增装机的风电机组平均功率为 1955 千瓦，与 2015 年的 1837 千瓦相比，增长 6.4%；累计装机的风电机组平均功率为 1608 千瓦，同比增长 2.9%。

2016 年，中国新增风电机组中，2 兆瓦风电机组装机占全国新增装机容量的 60.9%，与 2015 年相比，所占市场份额上升 11 个百分点；1.5 兆瓦机组的市场份额下降了 16 个百分点，至 17.8%；1.5 兆瓦机组和 2.0 兆瓦机组的合计市场份额达到 78.7%。2.1~2.9 兆瓦机组的市场份额达到 15.2%，3~3.9 兆瓦机组（3 兆瓦和 3.6 兆瓦）的市场份额达到 2.6%，4 兆瓦及以上机组（包括 4 兆瓦、4.2 兆瓦、5 兆瓦）的占比达到 1.9%。具体如图 2 - 28 所示。

2016 年，中国累计风电装机中，1.5 兆瓦的风电机组仍占主导地位，占总装机容量的 50.4%，同比下降约 5 个百分点；2.0 兆瓦的风电机组市场份额上升至 32.2%，同比上升约 5 个百分点。

（千瓦）

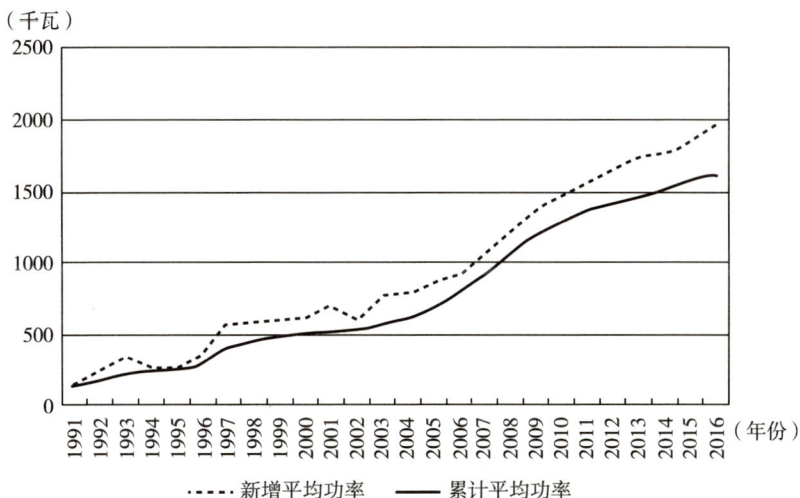

图2-28　1991～2016年中国新增和累计装机的风电机组平均功率

资料来源：CWEA。

2. 内蒙古自治区风电

内蒙古自治区风能总储量居全国首位，技术可开发量达1.5亿千瓦，约占陆地的50%，是中国发展风电产业较早的省份之一。内蒙古自治区处于风能丰富的地带区域，风能资源雄厚。风功率密度在200～300瓦/平方米以上，有的可达500瓦/平方米以上，如辉腾锡勒、锡林浩特的灰腾梁等。2016年，内蒙古自治区风能储量为2.7亿千瓦时，占全国总储量的1/5，居全国首位；全区年平均风速为3.7米/秒，大部分地区年平均有效风能功率密度为150～200瓦/平方米。截至2016年底，全区风电装机容量为2556万千瓦。

内蒙古自治区位于季风区内，风向随季节有明显变化。冬季各地多西北风，春季风向以偏西方向居多，其他风向频率也相对增多，夏季多偏南风，秋季偏西风较多。年平均风速在3米/秒以上，并自东向西逐渐增大，其中，乌兰察布市北部、锡林郭勒盟西部在5米/秒；大兴安岭林区、赤峰盆地、河套平原、土默川平原、乌兰察布市阴山以南地区一般小于3米/秒；呼和浩特市为1.8米/秒。

各地全年风速大于等于3米/秒的起动风速日数，呼伦贝尔市在180天以上，锡林郭勒盟在240天以上，乌兰察布市北部为280天左右，赤峰市、通辽市在200天以上，巴彦淖尔市北部在260天以上，鄂尔多斯市在130天以上，呼和浩特市、包头市、土默川平原、河套平原为70～80天。

全年理想风能日数大于等于 8 米/秒，分布特点是中部多，向东西两侧逐渐减少。内蒙古自治区各地全年风速达 3~20 米/秒的有效风速小时数，呈自东向西逐渐增多的趋势，其中，大兴安岭林区为 4000 小时左右，乌兰察布市南部、土默川平原、河套平原低于 4000 小时，大兴安岭以西、阴山以北、贺兰山以西地区，自东向西由 5000 小时增加至 7000 小时，赤峰市、通辽市中部为 6000 小时左右。

根据内蒙古自治区发改委文件《关于组织实施好风电清洁供暖项目的通知》，内蒙古自治区"十三五"完成增加新建风电供暖面积 400 万平方米（见表 2-11）。到 2020 年，自治区风电供暖面积总共达到 823.6 万平方米。2017 年，自治区预计新增风电场规模 34.35 万千瓦，供暖面积 70 万平方米，分布于包头市、通辽市、兴安盟和二连浩特市（见表 2-12）。

表 2-11　内蒙古自治区"十三五"风电清洁供暖总体任务分解

单位：万平方米，万千瓦

盟市	截至 2016 年底风电清洁供暖情况		"十三五"新建风电清洁供暖项目		2020 年底供暖面积
	已供暖面积	在建供暖面积	规划供暖面积	配套新增风电清洁供暖指标	
全区	96	327.6	400	200	823.6
蒙西地区	11.5	271.6	240	120	523.1
蒙东地区	84.5	56	160	80	300.5
呼和浩特市	—	60.6	70	35	130.6
包头市	—	70	60	30	130
阿拉善盟	—	—	10	5	10
巴彦淖尔市	—	—	20	10	20
鄂尔多斯市	—	—	20	10	20
乌兰察布市	11.5	111	50	25	172.5
锡林郭勒盟	—	20	10	5	30
二连浩特市	—	10	—	—	10
赤峰市	26.2	—	70	35	96.2
通辽市	50.3	30	40	20	120.3
兴安盟	8	26	20	10	54
呼伦贝尔市	—	—	20	10	20
满洲里市	—	—	10	5	10

表 2 - 12　内蒙古自治区安排 35 万千瓦风电清洁供暖项目名单

单位：万平方米，万千瓦，万千瓦时

序号	项目名称	实施单位	供暖面积	新增风电场名称	新增风电场规模	年设计供暖用电量
全区			70		34.35	9737
一	包头市		10		4.95	1000
1	固阳县京运通风力发电有限公司风电清洁供暖项目	固阳县京运通风力发电有限公司	10	固阳县京运通风力发电有限公司固阳县怀朔镇周喜才村 4.95 万千瓦风电项目	4.95	1000
二	通辽市		30		14.7	4543
1	蒙东协合新能源有限公司风电清洁供暖项目	蒙东协合新能源有限公司	10	蒙东协合新能源有限公司扎鲁特旗阿日昆都楞四期 4.95 万千瓦风电项目	4.95	1200
2	大唐科左后旗新能源有限公司风电清洁供暖项目	大唐科左后旗新能源有限公司	10	大唐科左后旗新能源有限公司扎鲁特旗阿勒坦 4.95 万千瓦风电项目	4.95	1785
3	许继（科左后旗）新能源科技有限责任公司风电清洁供暖项目	许继（科左后旗）新能源科技有限责任公司	10	许继（科左后旗）新能源科技有限责任公司巴日嘎斯塔拉 4.8 万千瓦风电项目	4.8	1558
三	兴安盟		20		9.75	2894
1	科右前旗新天风能有限公司风电清洁供暖项目	科右前旗新天风能有限公司	10	科右前旗新天风能有限公司科右前旗 4.95 万千瓦风电项目	4.95	1417
2	深能北方（兴安盟）能源开发有限公司风电清洁供暖项目	深能北方（兴安盟）能源开发有限公司	10	深能北方（兴安盟）能源开发有限公司扎赉特旗 4.8 万千瓦风电项目	4.8	1477
四	二连浩特市		10		4.95	1300
1	中海油新能源二连浩特风电有限公司风电清洁供暖项目	中海油新能源二连浩特风电有限公司	10	中海油新能源二连浩特风电有限公司二连浩特风电场二期 49.5 兆瓦项目	4.95	1300

3. 内蒙古自治区风电并网

内蒙古自治区 2014 年、2015 年、2016 年的弃风率分别为 9%、18%、21%，2016 年的弃风率全国排名第四。而在 2016 年上半年，内蒙古自治区弃风率达 30%。虽然弃风率逐年上升，但内蒙古自治区 2016 年新增并网容量为 132 万千瓦，居全国第二位。而从弃电量来看，2016 年内蒙古自治区弃风电量为 124 亿千瓦时，排名全国第二。2017 年 2 月 22 日，国家能源局发布 2017 年度风电投资监测预警结果，相较于 2016 年 7 月公布的黑龙江省、吉林省、宁夏回族自治区、甘肃省、新疆维吾尔自治区五省区，内蒙古自治区成为风电开发建设红色预警区域的新面孔。这对某些在预警区有项目提前投入的企业可能会造成一定影响，也可能会致使一些企业向南方转移。从进入红色预警名单的六省区发现，除了吉林省弃风率同比略有下降之外，其他五省区弃风率和弃风电量都有不同程度上升。按照国家能源局的要求，红色预警的省区不得核准建设新的风电项目，并要采取有效措施着力解决弃风问题，电网企业不得受理红色预警的省区风电项目的新增并网申请（含在建、已核准和纳入规划的项目），派出机构不再对红色预警的省区新建风电项目发放新的发电业务许可。

国家能源局官网显示，2016 年，全国弃风电量为 497 亿千瓦时，与 2015 年 339 亿千瓦时相比增加了 158 亿千瓦时。目前，弃风弃电的现象有所改善，但是趋势改善不一定表现为业绩向好，具体的消耗也存在风电、火电内部置换现象。另外，固定成本已经很难收回，最多会覆盖变动成本。

2016 年，内蒙古自治区全年新增风电装机 132 万千瓦，累计并网装机容量达到 2806.4 万千瓦，居全国第一位。风电发电量为 464 亿千瓦时，风能发电同比增长 9.0%。2016 年，全区风电平均利用小时数为 1830 小时，全年弃风电量为 124 亿千瓦时，弃风率 21%，具体如表 2 – 13 所示。

表 2 – 13　2016 年内蒙古自治区风电并网运行统计数据

省（区、市）	新增并网容量（万千瓦）	累计并网容量（万千瓦）	发电量（亿千瓦时）	弃风电量（亿千瓦时）	弃风率（%）	利用小时数（小时）
内蒙古自治区	132	2806.4	464	124	21	1830

进入 21 世纪，内蒙古自治区的风电产业开始进入快速发展时期，累计风电装机容量一直保持全国首位。中国的风电产业快速发展，根据中国可再生能源学会风

能专业委员会（CWEA）发布的《中国风电装机容量统计》显示，截至2016年底，内蒙古自治区风电总装机容量为2806.4万千瓦，总装机容量居全国第一位。统计分析内蒙古自治区近年来各年度装机容量及全国占比变化情况如图2-29所示。

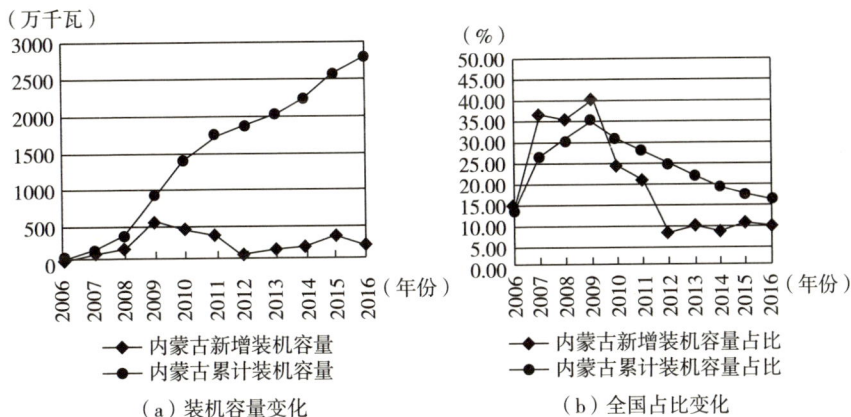

（a）装机容量变化　　　　　　　　（b）全国占比变化

图 2-29　2006~2016年内蒙古自治区装机容量及全国占比变化情况

资料来源：CWEA。

由图2-29（a）可以看出，内蒙古自治区风电新增装机容量各年份变化情况不同，2006~2011年，装机容量增加速度较快，五年平均新增装机容量接近350万千瓦/年，从2012年开始增速趋于平稳，至2016年平均新增装机容量约211万千瓦/年。从2006~2016年内蒙古自治区累计风电装机容量变化情况来看，呈线性增长趋势，其原因在于风电新增装机容量的变化除受风能资源分布特点及自然因素的影响外，还有其他影响因素，如风电相关政策、风电消纳能力、电力送出条件。

限电曾一度成为影响风电场发展的一个主要因素，2012年是中国弃风限电情况最为严重的一年，当年全国弃风电量达208亿千瓦/年，弃风率约为17%，这也成为影响内蒙古自治区新增装机容量的一个重要影响因素。

由图2-29（b）可以看出，2007~2011年，内蒙古自治区新增装机容量占全国新增装机容量（不包括中国台湾地区，下同）的比例为27%~35%，即五年间全国新增风电装机容量近1/3分布在内蒙古自治区；2012~2016年，虽然内蒙古自治区风电装机规模稳步增长，但由于受新疆维吾尔自治区等西北地区增长迅速以及内蒙古自治区风电场建设已形成一定规模的影响，使内蒙古自治区新增装机容量占全国总装机容量的比例降为 10% 左右，截至 2016 年底，内蒙古自治区累计装机容量仍比位于全国第二位的新疆维吾尔自治区（1902.1 万千瓦）多 900 万千瓦，占全国风电总装机容量的 16.63%。

4. 风电场分布

风能资源开发利用已形成一定规模，根据自治区相关部门对于 2016 年以前审批的风电项目情况统计，风电场在内蒙古自治区境内广泛分布。据统计，截至 2015 年底，内蒙古自治区 12 个盟市和 2 个计划单列市中仅乌海市未审批风电项目，从各盟市和计划单列市风电项目数量来看，从西到东巴彦淖尔市、乌兰察布市、锡林郭勒盟、赤峰市、通辽市、兴安盟风电场项目较多，阿拉善盟、鄂尔多斯市、包头市、呼和浩特市、呼伦贝尔市、二连浩特市和满洲里市的风电场项目较少。结合内蒙古自治区年平均风速分布图及年平均风功率密度分布图可以看出，风能资源丰富的地区正是风电场集中分布的区域，自治区风电场建设已形成一定规模。风电场之所以不像风能资源那样均匀分布，主要是受到基质条件、人类活动等其他因素影响，目前内蒙古自治区风电场主要分布在草原地区。

5. 发展风能产业对策

（1）推进内蒙古自治区开展风电清洁供暖项目建设。内蒙古自治区风能资源丰富，供热需求大，地点相对分散，适宜利用风电等可再生能源进行分布式供暖。要严格按照《国家能源局综合司关于开展风电清洁供暖工作的通知》（国能综新能〔2015〕306 号）中 1 万千瓦风电配套制热量满足 2 万平方米以上建筑供暖需求的标准开展建设，增量项目供热总面积不低于 470 万平方米。风电清洁供暖的配套应优先就近选取存量风电项目，到 2020 年底，全区新增风电清洁供暖总面积不低于 800 万平方米。

（2）加强风电管理水平。内蒙古自治区风电并网规模大，为提高电网吸纳风电比例、最大限度减少风电"弃风"现象的发生，要不断优化电网运行方式、提高风电调度管理水平，开发风电供热项目、增加地区用电负荷，利用现有电力外送通道开展风电外送交易。扩大风电消纳范围，加强跨区跨省电网互联，风电基地要明确风电消纳市场，明确配套电网送出方案。

四、内蒙古自治区生物能源产业

1. 生物质能发电分析

生物质（Biomass）是地球上最广泛存在的物质，包括所有的动物、植物和微生物以及由这些有生命物质派生、排泄和代谢的许多物质。生物质发电（Bio-mass Power）是利用生物质所具有的生物质能进行发电，是可再生能源发电的一种。生物质发电分为直接燃烧发电、混合燃烧发电、生物质气化发电和沼气发电四种类型，如图 2－30 所示。生物质发电技术是目前生物质能应用方式中最普遍、最有效的方法之一，在欧美等发达国家，生物质能发电已形成非常成熟的产业，成为一些国家重要的发电和供热方式。

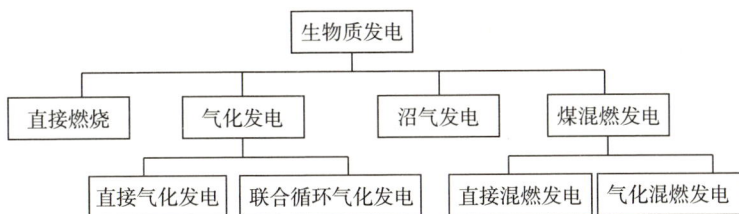

图 2－30　生物质发电框架

生物质能发电形式。生物质能利用的方式主要是直接燃烧、发电、气化和转变为成型燃料。所谓生物质气化是指利用工业手段将秸秆变成天然气，用秸秆转变而成的天然气虽然与煤相比缺乏竞争力，但是和煤气、天然气相比是具有竞争力的。秸秆气化也可解决小区域集中供气问题。此外，生物质成型燃料是替代煤的好产品。成型燃料在中国已实践了儿年，技术已比较成熟，如秸秆固化成型。

近年来，随着对可再生能源的加大开发、利用，生物质能发电得到了快速发展。2016 年，中国生物质能发电项目装机容量达到 1224.8 万千瓦，较 2015 年再增加 104.9 万千瓦（见图 3－31），发电量达到 634.1 亿千瓦时，相当于 2/3 个三峡水电站。数据显示，目前，中国生物质发电项目达到了 665 个，仅 2016 年一年内就再添 66 个项目，成为投资领域的新宠。

生物质发电成为分布式能源发展新动力。生物质发电在国际上越来越受到重视，在国内也越来越受到政府的关注。根据"十三五"生物质能源发展规划，到 2020 年，生物质能利用量将达 5700 万吨标准煤，其中生物质能锅炉供热每小时将达 2 万蒸吨，生物质能固体燃料年利用量达 1000 万吨标准煤；生物天然气达 100 亿立方米；生物质液体燃料总量将达 600 万吨，其中燃料乙醇 400 万吨，生物柴油 200 万吨。

（吉瓦）

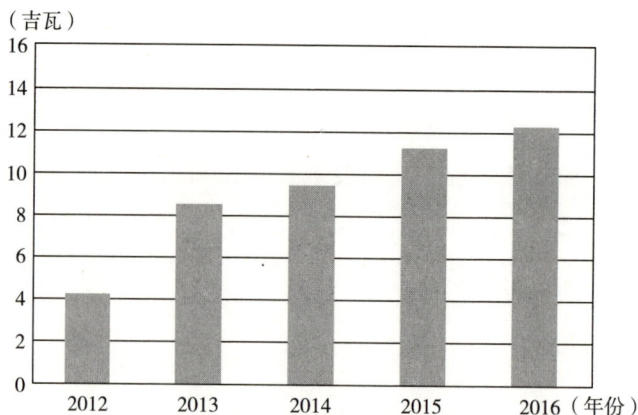

图 2 - 31　2012 ~ 2016 年生物质能发电项目累计装机容量

此外，按照可再生能源中长期发展规划要求，到 2020 年，中国生物质发电总装机容量要达到 3000 万千瓦。可以认为生物质发电将是分布式能源发展的又一重大市场。

2. 内蒙古自治区秸秆生物质能产业

（1）秸秆资源量。内蒙古自治区是粮食生产大区，农作物秸秆资源丰富。2016 年，全区农作物总播种面积为 794.7 万公顷，其中，粮食作物播种面积为 578.5 万公顷，粮食总产量达到 2780.3 万吨。从种植结构和秸秆资源分布区域看，呼伦贝尔市、兴安盟、通辽市、赤峰市东四盟市秸秆产生量占全区秸秆资源总量的半数以上；从秸秆种类看，玉米、小麦、大豆、向日葵四种主要农作物秸秆约占全区秸秆资源总量 90% 以上，其中，玉米秸秆所占比重最大，其秸秆量的变化直接影响全区秸秆总产量。

（2）秸秆综合利用现状。随着种植业结构的深入调整和新型农牧业经营主体的不断涌现，全区农作物种植布局呈现出集中连片趋势，秸秆资源分布也从种类和数量上日趋集中，东部以玉米和大豆为主，中部以玉米为主，西部以小麦和向日葵为主，集中的资源分布态势为秸秆的综合利用提供了有利条件。

内蒙古自治区农作物秸秆综合利用主要有肥料化、饲料化、基料化、能源化和原料化五种方式。2015 年，全区秸秆有效利用资源量为 2510.43 万吨，有效利用率达到 80.25%，其中，肥料化利用为 786.15 万吨，占有效利用资源量的 31.32%；饲料化利用为 912.52 万吨，占有效利用资源量的 36.35%；燃料化利用为794.25 万吨，占有效利用资源量的 31.63%；基料化利用为 9.26 万吨，占有效利用资源量的 0.37%；原料化利用为 8.25 万吨，占有效利用资源量的 0.33%。同时，仍有 617.83 万吨秸秆被废弃和焚烧，占可收集资源量的 19.75%。

（3）存在的主要问题。秸秆作为农牧业生产中的副产品和重要资源，其资源化和商业化利用前景广阔。传统的刀耕火种，使秸秆焚烧和闲置现象在粮食主产区仍普遍存在。秸秆焚烧可以消灭一部分杂草种子和细菌虫卵，燃烧后的草木灰作为有机肥可有效增加土壤肥力，但是，秸秆的焚烧却严重污染了环境。为此中央和地方政府相继出台了相关的法律、文件，禁止秸秆焚烧，积极推广秸秆直接还田技术、过腹还田技术、青贮微贮技术及食用菌栽培技术，引导和扶持秸秆制板、秸秆发电、秸秆固化颗粒燃料、秸秆生物燃气等综合利用项目。秸秆能源化（生物燃气、颗粒燃料、直燃发电等）、饲料化（饲草、复合颗粒饲料）利用途径在技术、规模、经济等基础条件方面还不完全成熟，虽然在市场刺激下出现了一些综合利用雏形，但仅是倾向性和苗头性的，不具备规模化生产能力，综合利用技术含量不高，建设规模不大，距产业化发展相去甚远。再有，秸秆利用率低、产业链短、产业布局不合理等问题还远未彻底解决。

（4）效益分析。经济效益。项目实施后，预计年增收 13.7 亿元。包含的项目一是秸秆肥料化利用，"十三五"期间秸秆还田量增加 150 万吨，可使 500 万亩粮食增产 20 万吨以上，累计增加收益 3.2 亿元；二是秸秆饲料化、燃料化、基料化和原料化利用，每吨秸秆平均增加收益 300 元，"十三五"期间转化利用秸秆 350 万吨，累计增加收益 10.5 亿元。

生态效益。通过项目实施，可有效遏制秸秆资源的焚烧和废弃现象，减少环境污染，保障交通安全，给乡村居民提供一个清洁、舒适的居住环境。同时，秸秆还田可有效缓解化肥施用过多带来的土壤结构板结、肥力下降问题，避免秸秆弃置引起的水体环境污染，维护农牧业生态系统平衡，促进农牧业可持续发展。每年可替代标准煤 250 万吨以上，减排二氧化碳 650 万吨。

社会效益。通过项目实施，农作物秸秆资源得到有效利用，促进农牧业增效、农牧民增收。带动涉农运输业、机械加工、农村能源等相关行业持续进步，促进县域经济健康发展。每年可节约饲料粮 100 万吨，增加农牧民就业岗位 20000 个。

专栏 5

内蒙古自治区秸秆处理区域示范典型

● 兴安盟大力发展秸秆"五料化"处理

兴安盟会同国际绿色经济协会和农业部规划设计研究院共同编制完成《兴安盟秸秆综合利用产业发展规划（2016～2020 年)》，计划对秸秆进行饲料化、肥料化、原料化、能源化、基料化"五料化"处理，为根治农牧区秸秆电力外破难题带来了契机。国网兴安供电公司将外力破坏问题解决融入秸秆生态污染治理大格局，主动帮助秸秆加工企业合理规划选址，开辟绿色通道、全程服务跟踪，保障了中农绿能秸秆制天然气项目、突泉鑫泰秸秆建材项目、兴安盟禾生源生物质科技有限公司等企业顺利落地投产。与此同时，国网兴安供电公司积极开展社会责任根植，以秸秆电力外破严重的乌兰浩特市后查干嘎查为试点，协助推广秸秆颗粒化处理项目。主动了解利益相关方诉求，建立共享沟通平台，整合资源优势，汇聚多方合力，有力推进秸秆颗粒化项目的实施，解决当地群众关注的饲料、燃料难题。通过"五料化"处理，以往遭人嫌弃的秸秆摇身一变，成为炙手可热的清洁能源、营养饲料、新型建材，其潜在经济价值被充分挖掘。

兴安盟年产 1100 万吨秸秆颗粒可抵 500 万吨煤。与烧煤相比，秸秆制生物质燃料清洁环保，实现二氧化碳零排放，含硫量小于等于 0.06%，含氮量低，能有效改善空气质量，且廉价高效，同等加热条件的成本比天然气和电还低。

秸秆"五料化"处理串起了一条资源节约、低碳环保、企业增效、农民增收的"绿色产业链"。既增加了政府税收、企业效益和农民收入，又从根本上解决了电力企业关注的外力破坏难题，地区售电量也有小幅度增长。

秸秆"五料化"每年可为兴安盟带来 200 亿元的经济收益，嘎查秸秆颗粒化项目作为扶贫攻坚的一项措施也得到全面推广。预计 2020 年，兴安盟秸秆资源精细化综合利用率达到 90% 以上，将实现秸秆零焚烧的目标。

● 鄂尔多斯市建新型环保节能生物质颗粒燃料项目

内蒙古极泰新能源科技发展有限公司坐落于伊金霍洛镇甘珠庙村。一直以来，该公司致力于实现"实业治理雾霾，低碳绿色发展"的战略愿景，拟在伊金霍洛旗投资建设年产 10 万吨新型环保节能生物质颗粒燃料项目，建设两条 5

万吨/年的生产线，总投资约 1.2 亿元。该项目建成后可年产 10 万吨新型环保节能生物质颗粒燃料，年销售收入可达 1.05 亿元，创造税收约 1520 万元，除去原材料供应带来的大量就业人员外，还可以带动地方就业约 152 人。

　　沙柳、柠条、杨柴是伊旗当地乡土树种，具有平茬复壮的生物学特性，生长到一定年限如果不及时平茬就会长势减弱、逐渐干枯死亡，现在鄂尔多斯市大约有 10% 的灌木资源濒临衰退死亡。适时地对灌木资源平茬复壮既能保护多年来林业生态建设成果，维护长久生态安全，又能利用平茬灌木枝条发展林沙产业，改变农牧区经济发展结构，用可再生资源拉动经济增长，不断增加农牧民收入。

　　● 兴和县年产 20 万吨生物质固态燃料建设项目

　　内蒙古全顺农业科技开发有限公司年产 20 万吨生物质能固态燃料建设项目正式签约兴和县。该项目计划投资 1.6 亿元，占地约 200 亩，主要建设生产车间、库房、办公楼及生活用房、原料堆场等，建设面积约为 32360 平方米。

　　3. 林木生物质能综合利用分析

　　中国现有林地合计 3 亿公顷，其中内蒙古自治区约有 4400 万公顷，占全国现有林地的 14.7%。中国计划在 2011 ~ 2020 年绿化造林合计 1.5 亿公顷，到 2020 年建成能源林 1678 万公顷，其中，新造林 1001 万公顷，现有林改培 677 万公顷。林业生物质年利用量超过 2000 万吨标准煤，生物液体燃料贡献率为 30%，生物质热利用贡献率为 70%。内蒙古自治区计划造林面积达 1470 万公顷，约占全国造林面积的 10%。发展林木生物质能源产业，不仅能为当地农牧民增加收入，提供无污染的新型能源，还可通过恢复和新增植被吸收二氧化碳，缓解温室效应。然而，随着产业的发展，一些问题也逐渐暴露出来。内蒙古自治区大部分林木生物质能源企业都面临着原料不足的问题，这直接影响着企业扩大生产。同时，作为一个新兴产业，技术资金投入的比重很大，普通企业很难涉足。

　　(1) 内蒙古自治区林木生物质能源企业运营现状分析。内蒙古自治区林木生物质能源企业原材料供应方式，如表 2 - 14 所示。

　　自主培育经济林。企业自主培育经济林，不仅可以充分使用闲置的土地资源，而且能有效地防止土地荒漠化，对当地的水土保持、气候改善做出部分贡献。同时，对当地经济发展也有很大帮助。经济林需要大量人力栽培抚育，为当地提供了许多就业岗位，可以增加当地农户副业收入。从企业内部来看，自主培

表 2 –14　内蒙古自治区林木生物质能源企业原材料供应方式

原材料供应方式	优势	缺陷	代表公司
自主培育经济林	保持水土，改善气候增加就业岗位及收入	大量资金投入，部分林地土质差	翁牛特旗经济林场毛乌素生物质热电有限公司
上游公司供给	公司调节生产保证生产、责任明确	原料质量缺陷	金骄集团

育经济林，可以使企业对自身原料来源、数量有整体的掌控，进而调节生产情况，使生产经营达到最优。以种植文冠果的翁牛特旗经济林场为例，目前林场有自主培育文冠果经济林 1866.67 万公顷，占世界文冠果成材林的 56%，是全国最大的产区。内蒙古自治区自主培育经济林的企业还有毛乌素生物质热电有限公司，主要以沙生灌木平茬剩余物作为生物质燃料进行直燃发电。虽然企业自主培育经济林有着各种优势，但同时也存在一些问题。首先，自主培育经济林前期需要大量的资金投入，后期抚育过程也需要持续注入资金。其次，在抚育过程中所承担的风险也较大，因为自然等不可抗力因素，所生产的原材料可能会在数量上有一定损失。此外，内蒙古自治区地域辽阔，土壤种类较多，林区的不同林地会有差别，翁牛特旗经济林场水浇地文冠果单产可达 3750 ~ 4500 千克/公顷，但某些山坡地单产只有 1500 千克/公顷。由于文冠果种子产量受到林地和当年气候限制，难以大规模生产，因而也就不能为下游企业大规模提供原料。

上游公司供给。作为下游企业，有上游企业强大的经济林场的生产能力的支撑，同时还可以与多家企业签订原材料收购协议，这不仅可以有效地保证生产，而且责任明确。但是，做到这一步的企业还是少数，如金骄集团，作为翁牛特旗经济林场的下游企业，是生物质产业的领跑者。公司掌握了国际领先的生物炼制技术体系，建成了"油脂原料、木质资源、淀粉及糖原料"先进生物炼制工业生产系统。若是原料出现质量或数量短缺问题，同样会对公司生产产生影响。这是所有生产企业共同面临的问题，短期内难以避免。

（2）产品生产方式。生物质能源的利用途径主要有生物质直接燃烧、生物质化学转化、生物质生物转化利用。林木生物质能源的生产技术是生物质能源利用技术在林业上的应用，即对林木生物质采取工业化利用技术转化为工业能源。具体来说，可生产生物柴油、燃料乙醇和纤维素乙醇以及用于发电和生产成型燃料，如表2－15所示。

表2－15　内蒙古自治区林木生物质能源企业产品生产方式

产品生产方式	优势	缺陷	代表公司
生物柴油转化利用	环保、安全、可再生	废料污染	金骄集团
生物质发电	环保效益可观 解决秸秆占地及火灾隐患问题	无	国能通辽生物发电有限公司 国能赤峰生物发电有限公司 毛乌素生物质热电有限公司
成型燃料加工	燃烧效率高 清洁、环保、可再生	无	沃德生物质科技有限公司

第一，生物柴油转化利用。中国生物柴油起步较晚，但发展较快，现阶段技术已达到世界先进水平，技术虽略有缺陷，但对生产的影响较小，推广迅速。目前，内蒙古自治区生产生物柴油的企业以木本油料作物为主要原料，如文冠果。以这种方式生产的生物柴油使用后排放的硫化物、有毒有机物和碳化物比传统的石化柴油少很多，对环境影响较小。同时，生物柴油在运输、储存、使用方面更加安全。作为翁牛特旗经济林场的下游企业，金骄集团立足于生物质原料，主要生产特种液体燃料、生物燃气、合成润滑油等可再生清洁能源。生物柴油生产过程中也会存在一些问题，例如，生物柴油制备的成本75%为原料，廉价、来源稳定的原料供应不足就成为阻碍其产业发展的最大问题。并且在生产过程中有废碱液排放，也会造成一定的环境污染。

第二，生物质发电。生物质发电工艺主要分三类：生物质锅炉直接燃烧发电、生物质—煤混合燃烧发电和生物质气化发电。目前中国还是以生物质锅炉直接燃烧发电为主。内蒙古自治区目前的生物质发电企业主要分为两大类：一类是以灌木平茬物为主要原料进行发电的林木生物质电厂，如毛乌素生物质热电有限公司，发电的主要原料是沙柳等高热值灌木；另一类是以农作物剩余秸秆为主要原料进行发电的电厂，如国能通辽生物发电有限公司、国能赤峰生物发电有限公司，这两家公司年均消耗秸秆可达到12万吨，从根本上解决了秸秆占地面积大、存在火灾隐患等问题。相比于煤电，林木生物质发电环保效益更加可观。

第三，成型燃料加工。林木生物质成型燃料燃烧效率高，清洁环保可再生，而且储存、运输、使用也很方便。国内的常温成型技术能耗低，对原料预处理的要求低，成型模具磨损小、成型燃料的热值等于原料的热值，燃烧灰分小，燃烧效率高。虽然成型燃料加工还没有进入大规模产业化发展，但相比于传统的化石燃料，林木生物质成型燃料的优势尽显，以后会逐渐步入商业化阶段。目前，内蒙古自治区林木生物质能源企业生产成型燃料以农作物秸秆为主，如沃德生物质科技有限公司，不但进行成型燃料加工，还生产研发生物质节能炉具，并且成立"秸秆成型燃料炊事采暖示范工程"，改善了农村人居环境，实现了秸秆高效循环利用。

（3）内蒙古自治区林木生物质能源市场分析。将林木生物质能源利用分为生物柴油、生物质发电、生物质成型燃料三类，对它们的市场前景进行分析，结果如表2-16所示。

表2-16　内蒙古自治区林木生物质能源企业市场分析

利用方式	制约发展要素	代表公司
生物柴油	原料供应不足 产品销售受限 国家政策不明确	金骄集团
生物质发电	原料的收集	国能通辽生物发电有限公司 国能赤峰生物发电有限公司
生物质成型燃料	原料的收集进一步推广	毛沃德生物质科技有限公司

第一，生物柴油。生物柴油尽管相比于传统的石化燃料有着各种优势，但其在民用市场的表现并不出色。如金骄集团公司生产的生物柴油、润滑油等产品主要供应军用车辆及特种设备，其在民用市场的份额相对来说很小。目前，对于生物柴油大规模进入民用市场主要有以下三个障碍：原料供应不足、产品销售受限、国家政策不明确。原料供应不足前文已经提到。在产品销售环节中，生物柴油作为新生事物，肯于接受的消费者还是少数，再加上经销商存在风险意识，生物柴油若是出现问题不愿承担相关责任，导致生物柴油在民用市场很难打开局面。另外，国内石化企业产能过剩，石化柴油供大于求，导致生物柴油在民用市场上举步维艰。

第二，生物质发电。生物质发电相比于煤电可以增加清洁能源比重，改善当地环境，增加农民收入，缩小城乡差距。对于生物质电厂发电，政府以确定的价格优先购买并且给予补贴。相比于国内其他省市以秸秆为主要发电原料的企业，内蒙古自治区的生物质发电企业经营状况还算理想。国能赤峰生物发电有限公司年平均发电量达 9000 万千瓦时，实现产值 6000 万元以上，利税超过 1000 万元；年消耗玉米秸秆、稻壳等农林废弃物约 12 万吨；每年减少二氧化硫气体排放约 1000 吨；实现二氧化碳接近零排放；直接增加农民收入 3000 万元以上。以秸秆为主要原料的电厂，最大的问题是原料的收集。内蒙古自治区相比于其他省市，秸秆资源更加丰富，但其仍然是阻碍电厂的全力生产和进一步发展的因素。而以灌木平茬物为主要原料进行发电的林木生物质电厂，如毛乌素生物质热电有限公司，受原料的影响则小得多。

第三，生物质成型燃料。生物质成型燃料是一种绿色能源，清洁环保，高效节能。目前，内蒙古自治区生物质成型燃料企业还没有大规模发展，但是在部分地区仍取得了良好的业绩，如沃德生物质科技有限公司正在筹建"年产 10 万吨秸秆综合循环利用项目"。预计建成后，年消化秸秆将达到 15 万吨，产成品 12 万吨，可替代标准煤 6 万吨。能够减少二氧化碳排放超过 12 万吨，二氧化硫约 480 吨，烟尘减排约 1200 吨；实现年销售收入 6960 万元，利润 877 万元；可为农民增加收入 300 多万元，并解决 80 人就业。但同时，原料也存在一定问题，而且生物质燃料推广也需要一定的投入。

（4）内蒙古自治区林木生物质能发展建议。建立原料基地，增加原料供给途径。对于以秸秆为主要原料的生物质电厂，其原料收集依然是一个大问题，保证持续足量、价格稳定的燃料供应，往往是企业运营成败的关键。因此，除了保证秸秆的正常供应外，开发建立经济林地也十分必要，如毛乌素生物质热电有限公司，其在林地内种植大量高热值灌木如沙柳作为秸秆的补充，使企业产值更加稳定。对于生产生物柴油的企业，如金骄集团，可以利用内蒙古自治区丰富的林地资源，扩大自有木本油料种植林，同时作为上游企业的翁牛特旗经济林场也可以与当地农户签订收购合同，进一步增加产量。

加大技术研发力度，培养专业人才。中国目前生物质能源利用技术虽说已经可以商业化，但是其中仍然存在一些问题。例如，生物柴油生产过程中废料的污染问题仍然亟待解决；以秸秆为主要原料的电厂，如何实现秸秆与灌木作物混合发电，以扩大原料范围，使其长远发展。因此，林木生物质能源专业人才还有一定的缺口，这也是解决技术问题的关键。

政府制定相关发展政策，扶持生物质能源企业发展。林木生物质作为一个新兴的产业，在发展初期，技术和资金投入较大，不是一个企业所能独立承担的。政府风险投资应对新能源企业提高支持力度，将一部分资金直接投资于新能源企业，充分发挥政策性资金的引导和带动作用，重点扶持处于初创期的中小企业。对于制备生物柴油的企业，当地政府可从以下两方面制定政策促进其发展：首先是原料方面，当地政府可以鼓励当地农户种植木本油料植物，如文冠果，并制定相应的种植抚育、果实收集等优惠政策；其次是对于生物柴油销售环节，完善配套和定价政策，国家应将生物柴油与石化柴油同等对待，明确生产责任，制定生物柴油规范价格。这样，一方面维持原料供给；另一方面打开销售市场，拓展销售终端。对于林木生物质发电企业，因为收购电价已经高于市场电价，所以，政府要做的就是与当地林木生物质电厂合作，开发经济林区，为电厂提供稳定的原料供给。

专栏6

内蒙古自治区地热资源

● 毕克齐地热水

内蒙古自治区地矿局所属地勘七院具体实施的毕克齐地区地热资源可行性勘查项目成功成井出水，取得骄人成果，该井井深2400米，出水温度达到64℃。通过对该井地热水取样分析，比照医疗热矿泉水标准，偏硅酸达到医疗价值浓度和矿水浓度，氟达到矿水浓度，可命名为氟水。井水量大、水温高、水质好，是近年来地热勘查发现最好、最理想的自流井。

距离呼和浩特市西约35千米处的毕克齐镇是西部地区主要的卫星城市之一，也是抗日根据地红色旅游示范区。目前，内蒙古自治区地勘七院在该镇北什轴乡恰台吉村施工的地热勘查井地热水自流量为每天1500立方米，水头高出地表约40米；抽水试验降深40.3米，产量为每天2784立方米，其产量稳定、水温高，具有重大的开发利用价值。该井成功出水，进一步证明呼包平原蕴藏着丰富的地热资源，开采潜力巨大。开发利用地热资源，有利于哈达门高原牧场旅游区、五道沟农家乐民俗旅游区、阿拉坦汗义子恰台吉封地、古刹喇嘛洞召等地区的养生、休闲、旅游等产业的发展，将为内蒙古自治区呼包鄂经济圈发展增添新的动力。

根据对该井单井地热流体产能和年利用热能初步估算，按照所做最大降深40.3米抽水试验出水量2784.0立方米/日计算，其单井产能为7620千瓦。以年开采300天计算，每年可利用热能1.98×10^8兆焦，相当于6758吨标准煤。

地处偏远、经济欠发达的内蒙古自治区，地热资源的勘查开发与其他相邻省区相比起步较晚。1999年，内蒙古自治区地矿局在呼和浩特市成功钻探出第一眼地热井，开启了内蒙古自治区地质勘查向地热资源进军的大幕。该井混合自流量为110立方米/日以上，自流井孔口温度达50摄氏度。为综合利用地热资源，2003年，该局投资3000多万元筹建了水月城温泉大厦，成为目前呼和浩特市唯一一处最大的集休闲、洗浴、温泉理疗等为一体的多功能地热矿泉洗浴理疗中心。

十几年来，在国土资源部、内蒙古自治区党委政府和国土资源厅诸多领导和专家的关怀支持下，内蒙古自治区的地热勘探开发利用工作蓬勃发展，不仅在地热资源勘查、综合利用方面取得可喜的成绩，同时形成的一大批重要理论成果和实践经验，为地热资源的可持续开发利用奠定了坚实的基础。在2015～2016年，在地勘基金的大力支持下，内蒙古自治区地矿局在区内开展了大量的地热资源普查工作，成功实施地热井9眼。

● 鲁县开鲁镇地区地热资源

位于内蒙古自治区通辽市开鲁县开鲁镇地区地热资源可行性勘查项目也是由内蒙古自治区水勘四院承担，2015年8月开始施工，同年11月成井出水，井深为1303.3米，出水量为1036.56立方米/日，水中含有丰富的微量元素，氡的含量达到了医疗用水标准，具有一定的医疗价值，利用氡水浴疗对心血管系统疾病、神经系统疾病、肠胃病、心脏病、高血压和动脉硬化、瘫痪病、抑郁症以及风湿性关节炎等有良好疗效。若年开采为300天，每年可利用热能为4.78×10^7兆焦，相当于1632吨标准煤。

● 奈曼旗大沁他拉地区地热资源

内蒙古自治区奈曼旗大沁他拉地区地热资源可行性勘查今年7月成井出水，井深为1802.7米，根据对该井单井地热流体产能和年利用热能初步估算，按照所做最大降深255.08米抽水试验出水量213.70立方米/日计算，单井产能为472

千瓦。若年开采为 300 天，每年可利用热能为 1.22×10^7 兆焦，相当于 417 吨标准煤。该地热井毗邻奈曼旗包古图沙漠旅游景区，地热资源的开发利用势必会增加景区的影响力，为草原沙漠再添色彩，可发展成为多格局、多方位的特色景区。

● 乌海市海勃湾农业科技景区地热资源

2015 年 11 月，内蒙古自治区地矿局所属地勘八院承担了乌海市海勃湾农业科技景区地热资源可行性勘查项目，该井今年 7 月成井出水，井深为 2096.85 米，根据对该井单井地热流体产能和年利用热能初步估算，按照所做最大降深 132.81 米抽水试验出水量 840.24 立方米/日计算，单井产能为 1493 千瓦，若年开采为 300 天，每年可利用热能为 3.87×10^7 兆焦，相当于 1320 吨标准煤。

● 阿尔山市白狼地区地热

阿尔山市成名于水，地热水因天然出露，用其洗浴对身体大有益处，成名已久。但随着当地旅游业的发展，已有的天然出露的地热水不能满足市场需求，当地政府曾委托有关单位施工过多眼地热井，但都没打出地热水。

五、未来新能源工业发展趋势

根据国家相关规划，到 2020 年中国风电装机容量超过 2.1 亿千瓦，太阳能发电装机容量达到 1.1 亿千瓦以上，核电装机容量达到 5800 万千瓦。由于新能源产业各子行业的资源禀赋、电能质量、空间格局存在较大差异，在"十三五"期间其将呈现出差异化发展趋势，内蒙古自治区新能源发展也将跃上新的台阶。

风电发电——弃风限电形式加剧，风电发展将由规模扩张向高效利用转变。"十三五"期间，中国将统一协调风电开发建设与市场消纳能力，着力推进其就地开发和高效利用，加快开发中东部和南方地区分布式风电，稳步发展海上风电，有序推进酒泉市、内蒙古自治区西部、内蒙古自治区东部、冀北、吉林省、黑龙江省、山东省、哈密、江苏市等大型现代风电基地建设，风电行业将由规模扩张向高效利用转变，弃风限电问题有望逐步得到缓解。

太阳能发电——太阳能发电装机容量迅猛增加，新商业模式助推产业化、协调化发展。"十三五"期间，中国将促进光伏发电规模化应用及成本降低方面的工作，有序推进光伏基地建设，加快太阳能发电的产业化、协调化发展，"光伏＋"模式和"领跑者"计划等新的商业模式将是主要亮点。"光伏＋"模式将促进光伏产业的多元化融合发展，如光伏与扶贫、农业、环境、气候结合等；区域光伏规划可以与区域经济发展规划形成较强的协同效应，进而实现区域经济和环境保护的协调发展；"领跑者"计划有望引领国内光伏市场发展，其基地建设将会得到加快推进。

核电发电——核电重启带来新机遇，装备自主化和"走出去"将成亮点。中国是世界核电在建规模最大的国家，在建核电站分布于辽宁省、山东省、浙江省、江苏省、福建省、广东省、海南省和广西壮族自治区等多个省区。推动核电关键技术水平提升和装备自主化是保障我国核电的长远发展，是核电产业全面协调发展的重中之重。核电技术已经成为中国最具备国际竞争力的技术之一，在国家力推"核电出海"的背景下，我国核电企业"走出去"的步伐也将进一步加快。

内蒙古自治区可再生能源已形成以风电为主、光伏发电为辅、水电和生物质发电为补充的多元化发展格局。但受近年来用电负荷增长趋缓、电源装机规模较大的影响，全区弃风限电情况逐渐加剧，风电平均利用时数逐年降低，2013～2016 年分别为 2114 小时、1991 小时、1865 小时和 1830 小时，已低于国家规定的最低保障利用时数，风电运行效益下滑。光伏发电也已出现局部弃光限发问题。按照国家近期出台的有关可再生能源开发、建设、管理和发展规划的总体部署和要求，结合全区发展的实际情况，内蒙古自治区发展和改革委员会对可再生能源开发建设管理提出如下要求：

有效扩大本地消纳能力，注重提高消纳质量。截至目前，内蒙古自治区在国家计划指标内尚未并网的新能源容量还有约 800 万千瓦，已基本达到国家"十三五"规划给全区的自用规模，没有消纳空间。要求各盟市发展和改革委员会制定切实可行的可再生能源消纳方案，提高可再生能源本地消纳能力，推动风电等可再生能源参与供暖等电能替代工程，下大力气增加本地区风电和光伏的上网电量和运行小时数，优先保障现有已建风电利用水平，统筹好增量和存量的关系，控制新增可再生能源规模，避免盲目上新项目，加剧限电。

积极推进电力通道配置可再生能源基地建设。"十三五"期间，抓住国家治理大气污染的契机，内蒙古自治区要重点推动电力通道外送可再生能源基地的开发建设，国家要求电力通道均要配置一定比例可再生能源。要求相关盟市发展和改革委员会按照国家能源局最终批复的可再生能源配置比例，开展好可再生能源规划、布局等工作。

合理有序地推进光伏基地建设。国家和自治区鼓励建设光伏"领跑者"基地项目，国家已批复了包头市和乌海市光伏沉陷区基地，采取评优分配指标。要求各盟市发展和改革委员会在规划光伏"领跑者"基地项目时，一定要做好建设成本和先进技术以及本地消纳的统筹方案，因地制宜、合理有序推进光伏"领跑者"基地的规划和建设，防止企业恶性竞争，避免盲目建设造成的资源浪费。

加强生物质能发电项目管理。按照国家和自治区生物质发电项目建设、运行的有关管理要求，要求各盟市发展和改革委员会进一步规范生物质发电项目管理，新建农林生物质发电项目原则上实行热电联产，新建生物质发电项目由盟市发展和改革委员会核准，并要求各盟市发展和改革委员会（能源局）会同经信委等有关部门，按照各自职责，加强项目后期运营监管，严禁农林生物质发电项目掺烧煤炭等化石能源。

加强新能源项目管理。在组织开展新能源项目前期工作时，各盟市发展和改革委员会（能源局）要严格按照国家和自治区的相关政策规定和要求执行，严禁变相收取资源费、扶贫费等费用，不得增加开发企业的经济负担。

六、新能源发展瓶颈及对策

1. 为推进全区新能源产业的健康发展，必须着力解决现有问题

（1）必须降低新能源生产成本。目前，国内新能源行业的发展，主要是依靠政府政策扶持。新能源的推广作为一个社会性问题，终究还是要靠市场来解决。近年来，政府提出在传统垄断行业实施混合所有制经营，这是促进新能源产业化和市场化的有利途径。充分发挥市场的调节作用，才能合理有效地降低生产成本。

加强核心技术研发提升竞争力。虽然中国新能源产业起步较晚，但国内新能源研究机构及人员并不少，但分布相对分散，需要整合国内新能源研究领域的资源，集中力量攻克核心技术，占领产业竞争制高点。政府应该为技术研发提供财力和物力支持。

此外，国内政策体系应尽快完善，对项目审批、价格机制、资金安排等协调机制进行明确规定，同时要建立竞争机制、补偿机制、目标机制等运行机制，以促进相关政策的制定与执行，为中国新能源的持续发展提供切实保障。

　　在新能源产业迅速发展的同时，一些不和谐的现象也初露端倪。由于区新能源标准体系长期缺位，地方标准空缺，等同采用的国家和行业标准"老龄化"问题严重，标准技术指标不高，制修订速度严重滞后于产业发展；标准自主创新能力弱，产业标准话语权不高，没有形成品牌优势，难以发挥引领带动作用；标准互认互通不足，发达国家借由"标准技术壁垒"，阻碍自治区新能源产业的技术升级，制约优质低价产品的出口，引发新能源产业贸易不畅，导致自治区新能源产业同时出现低经济附加值产能过剩与高技术供给不足的局面，进一步挤压了自治区新能源产业的发展空间。

　　当前，中国经济正处在转型升级关键期，以标准创新引领自治区新能源产业竞争力迫在眉睫。内蒙古自治区第十次党代会提出，要大力发展新能源，全面推进战略性新兴产业发展，使其成为支撑自治区经济发展的主要动力。

　　为了加快技术创新和科研成果转化，推动内蒙古自治区新能源装备制造实现从制造到创造、速度到质量、产品到品牌的"三个转变"，减少盲目、投机性投资，打造自治区新能源产业的质量高地，提升新能源产业话语权，内蒙古自治区新能源和可再生能源标准化技术委员会（以下简称内蒙古自治区新能委）应运而生，为全区新能源领域标准化进程开启了新的征程。

　　《太阳能电池用硅单晶金刚石线切割片》《风力发电机组直接提水系统技术规范》等19项新能源地方标准制修订计划相继列入"自治区推动标准化三年行动计划"地方标准立项中；内蒙古自治区新能委申报的"新能源地方标准体系建设与研究"项目成功列入内蒙古自治区重大科技专项中；在调研光伏电站、多晶硅生产企业后，申报筹建国家光伏发电系统质量监督检验中心。

　　以标准提升推动产业升级，内蒙古自治区新能委紧扣加快新旧动能转换要求，全面实施标准化战略，加快内蒙古自治区新能源领域标准制定，健全地方标准体系，依靠标准约束淘汰落后产能，着眼提升新能源产业竞争力，推动标准化与新能源产业深度融合，建设质量强区，把中国北疆新能源产业风景线打造得更加亮丽。

　　（2）实行更加灵活补贴政策。近年来，中国可再生能源的发展引起了世界各国的广泛关注。2012年，中国风电和太阳能装机容量分别为61千兆瓦和3.4千兆瓦，而可再生能源年发电量仅占中国总消费量的2.1%。到2017年，中国的风能和太阳能发电量分别增加到168.5千兆瓦和130.06千兆瓦，可再生能源的发电量占中国总发电量的 5.3%。

目前，中国在风能和太阳能发电方面领先于世界。随着大规模的工业应用，成本大幅下降。光伏技术就是一个很好的例子：光伏模块的价格从 2007 年的 30 元/瓦降至 2012 年的 10 元/瓦左右，到 2017 年进一步降至 2 元/瓦。

中国可再生能源计划的成功充分说明了国家上网电价补贴的有效性。国家补贴上网电价政策的好处是在整个生命周期内稳定了发电收入，它向投资者传达了一个明确的价格信号，这有效地支持了可再生能源发展的早期阶段。

然而，随着装机容量的迅速扩大，可再生能源补贴总额也在迅速增加。根据平均上网电价计算，2012 年，风电补贴总额约为 600 亿元，到 2017 年已增加到 1700 亿元。虽然在此期间，政府多次削减补贴，但补贴总额仍在继续攀升。可再生能源补贴应由终端消费者收取的可再生能源附加费予以补偿。2012 年，中国可再生能源附加费为 0.015 元/千瓦时，2016 年升至 0.019 元/千瓦时。2012 年，中国的"可再生能源补贴"账户出现 150 亿元盈余，但到 2017 年，它已经变成了约 800 亿元人民币的巨额赤字。

因此，中国可再生能源的扩张将不可避免地导致补贴的快速增加。适应快速可再生能源扩张的解决方案通常会导致两种现象：一种是最终消费者关税的快速增长，如德国；另一种是维持高补贴，如中国，但补贴赤字很大。在德国，可再生能源的快速发展导致电价的大幅上升，在过去的 10 年里，电价几乎翻了一番，使德国成为欧洲电价最高的国家之一。在这些关税中，最大的增量是可再生能源附加费。目前，德国的可再生能源附加费约为 0.8 元/千瓦时或 0.11 欧元/千瓦时，仅相当于中国的平均最终消费税。这已经产生了巨大的负面影响，并引起了强烈的反对。因此，在过去两年中，德国可再生能源的发展急剧放缓。

2016 年，有人呼吁将中国可再生能源附加费提高到 0.3 元/千瓦时，以平衡补贴赤字。但这并没有发生。相反，政府今年降低了工业和商业消费者的最终消费税 10%。看来增加可再生能源补贴的资金是不可能的。与此同时，中国光伏发电装机容量大幅飙升。2017 年前 9 个月，新增装机容量约为 42 万千瓦，使补贴增加了近 300 亿元。

目前，中国应优先考虑可再生能源的质量，而不是数量。由于竞争力是未来发展的关键，因此补贴的设计方式应有利竞争。当前基于数量（发电小时数）的方法补贴可能会促使部分企业忽视行业的长期利益，从而获得短期利润。

　　中国风能和太阳能的减少在很大程度上是由于能源禀赋的不平衡。大部分可再生能源集中在西部，但市场容纳风能和太阳能的能力非常有限。尽管政府做出了努力，但只要可再生能源的装机容量继续快速增长，这种相对较大的削减就可能继续下去。因此，政府可能需要考虑削减补贴，以遏制对可再生能源的热情。此外，在中国目前电力过剩的情况下，将补贴削减转化为成本削减可以减少效率低下的装机容量。减少补贴也会迫使可再生能源制造商和发电厂投资者考虑未来的投资。

　　一般而言，所有补贴都是临时性和不可持续的。随着可再生能源的快速发展，财政负担的增加必然导致补贴的减少甚至取消。对一个行业来说，依靠补贴来规划长期发展是有问题的。此外，随着可再生能源的成本大幅下降，对可再生能源的补贴的边际刺激效应已大大减少。通过实施环境税、碳交易和碳税，可以更有效地促进可再生能源发展。

　　2. 对策

　　（1）提升系统灵活性。"提升系统灵活性"是一项系统性工程，推进中既要明确各类措施的功能定位，又要与电力市场化改革紧密结合，力争以较低的代价和较短的时间提升自治区电力系统的调节能力，尽快将弃风、弃光控制在合理水平。解决新能源消纳的关键：推动实施煤电机组灵活性改造工程，加快抽水蓄能电站建设，合理布局调峰气电，加大通道外送并优化电力调度运行，实施电力需求侧响应。通过全面实施以上各项措施，根据测算，"十三五"期间可以为电力系统增加调节能力。在优化调整风电布局基础上，可以满足风电消纳的调峰需求，使风电等新能源消纳状况得到明显改善。

　　2016年国家发展和改革委员会、国家能源局等部门共计发布19条新能源发电政策，如表2-17所示。

表 2-17　2016 年主要新能源发电政策

时间	发布部门	政策	和新能源相关内容
2016 年 1 月 5 日	国家发展和改革委员会	《关于提高可再生能源发展基金征收标准等有关问题的通知》	明确指出自 2016 年 1 月 1 日起，将各省（自治区、直辖市，不含新疆维吾尔自治区、西藏自治区）居民生活和农业生产以外全部销售电量的基金征收标准，由每千瓦时 1.5 分提高到每千瓦时 1.9 分

续表

时间	发布部门	政策	和新能源相关内容
2016 年 1 月 8 日	国家能源局	《关于加快贫困地区能源开发建设推进脱贫攻坚的实施意见》	明确提出，精准实施光伏扶贫工程。在现有试点工作的基础上，继续扩大光伏扶贫的范围。将加大支持力度。继续细化光伏扶贫项目清单和需求测算，多渠道争取支持，扩大光伏扶贫项目资金来源
2016 年 3 月 3 日	国家能源局	《关于建立可再生能源开发利用目标引导制度的指导意见》	通过附件的形式，公布了 2020 年各省（自治区、直辖市）行政区域全社会用电量中非水电可再生能源电力消纳量比重指标
2016 年 3 月 23 日	国家发展和改革委员会、扶贫办、能源局、国家开发银行各分行等	《关于实施光伏发电扶贫工作的意见》	重申了光伏扶贫的意义，明确了"十三五"期间光伏扶贫的目标、原则、重点任务、配套措施和相关的工作协调机制与职责分工
2016 年 3 月 28 日	国家发展和改革委员会	《可再生能源发电全额保障性收购管理办法》	明确了可再生能源发电全额保障性收购的概念，并对操作细则、补偿机制、保障措施以及监督管理等进行了规范
2016 年 5 月 27 日	国家发展和改革委员会、国家能源局	《关于做好风电、光伏发电全额保障性收购管理工作有关要求的通知》	核定并公布了弃风、弃光地区风电、光伏发电保障性收购年利用小时数以及相关结算和监管要求
2016 年 6 月 3 日	国家能源局	《关于下达 2016 年光伏发电建设实施方案的通知》	指出，2016 年全国新增光伏电站建设规模 1810 万千瓦，其中，普通光伏电站项目 1260 万千瓦，光伏领跑技术基地规模 550 万千瓦
2016 年 7 月 23 日	国家发展和改革委员会、国家能源局	《可再生能源调峰机组优先发电试行办法》	共七章二十六条，包括完善调峰激励、鼓励跨省区补偿、增加调峰能力、强化信用监管、加强组织管理等多项内容
2016 年 7 月 25 日	国家能源局	《关于建立监测预警机制促进风电产业持续健康发展的通知》	风电投资监测预警机制的指标体系分为政策类指标、资源和运行类指标、经济类指标

续表

时间	发布部门	政策	和新能源相关内容
2016 年 9 月 5 日	国家发展和改革委员会	《关于太阳能热发电标杆上网电价政策的通知》	核定太阳能热发电标杆上网电价为每千瓦时 1.15 元，并明确上述电价仅适用于国家能源局 2016 年组织实施的示范项目
2016 年 9 月 14 日	国家能源局	《关于建设太阳能热发电示范项目的通知》	确定第一批太阳能热发电示范项目共 20 个，包括 9 个塔式电站、7 个槽式电站和 4 个菲涅尔电站，总计装机容量 134.9 万千瓦，分别分布在青海省、甘肃省、河北省、内蒙古自治区、新疆维吾尔自治区
2016 年 10 月 17 日	国家能源局会同国务院扶贫办	《关于下达第一批光伏扶贫项目的通知》	下达第一批总规模为 516 万千瓦的光伏扶贫项目，其中，村级光伏电站（含户用）共计 218 万千瓦，集中式地面电站共计 298 万千瓦，共涉及河北省、山西省、辽宁省、吉林省、江苏省、安徽省、江西省、山东省、河南省、湖北省、湖南省、云南省、陕西省和甘肃省 14 个省约 2 万个贫困村，可为约 55 万个建档立卡贫困户每年每户增收不低于 3000 元
2016 年 10 月 28 日	国家能源局	《生物质能发展"十三五"规划》	到 2020 年，生物质能基本实现商业化和规模化利用。生物质能年利用量约为 5800 万吨标准煤。生物质发电总装机容量达到 1500 万千瓦，年发电量为 900 亿千瓦时，其中，农林生物质直燃发电为 700 万千瓦，城镇生活垃圾焚烧发电为 750 万千瓦，沼气发电为 50 万千瓦；生物天然气年利用量为 80 亿立方米；生物液体燃料年利用量为 600 万吨；生物质成型燃料年利用量为 3000 万吨
2016 年 11 月 16 日	国家能源局	《风电发展"十三五"规划》	到 2020 年底，风电累计并网装机容量确保达到 2.1 亿千瓦以上，其中，海上风电并网装机容量达到 500 万千瓦以上；风电年发电量确保达到 4200 亿千瓦，约占全国总发电量的 6%
2016 年 12 月 6 日	国家能源局	《太阳能发展"十三五"规划》	到 2020 年，太阳能发电装机要达到 1.1 亿千瓦以上，其中，分布式光伏发电为 6000 万千瓦以上

续表

时间	发布部门	政策	和新能源相关内容
2016 年 12 月 9 日	国家能源局、国家海洋局	《海上风电开发建设管理办法》	省级及以下能源主管部门按照有关法律法规，依据经国家能源局审定的海上风电发展规划，核准具备建设条件的海上风电项目；未纳入海上风电发展规划的海上风电项目，开发企业不得开展海上风电项目建设；鼓励海上风电项目采取连片规模化方式开发建设
2016 年 12 月 22 日	国家发展和改革委员会、国家能源局	《电力发展"十三五"规划（2016～2020年)》	大力发展新能源，优化调整开发布局。有序开发风光电，积极稳妥推进海上风电开发，全面推进分布式光伏和"光伏＋"综合利用工程，积极支持光热发电
2016 年 12 月 28 日	国家发展和改革委员会	《关于调整光伏发电陆上风电标杆上网电价的通知》	2017 年 1 月 1 日起，一类至三类资源区新建光伏电站的标杆上网电价分别调整为每千瓦时 0.65 元、0.75 元、0.85 元，比 2016 年电价每千瓦时下调 0.15 元、0.13 元、0.13 元。同时明确，今后光伏标杆电价根据成本变化情况每年调整一次。2018 年 1 月 1 日之后，一类至四类资源区新核准建设陆上风电标杆上网电价分别调整为每千瓦时 0.40 元、0.45 元、0.49 元、0.57 元，比 2016～2017 年电价每千瓦时分别降低 7 分、5 分、5 分、3 分
2017 年 1 月 23 日	国家发展和改革委员会、国家能源局、国土资源部	《地热能开发利用"十三五"规划》	明确了"十三五"期间地热能开发利用的一些具体任务，提出："十三五"时期新增地热能供暖（制冷）面积 11 亿平方米；新增地热发电装机容量 500 兆瓦。到 2020 年，实现地热能年利用量 7000 万吨标准煤，地热能供暖年利用量 4000 万吨标准煤，京津冀地区地热能年利用量达到约 2000 万吨标准煤

资料来源：世经未来整理。

（2）建立新能源标准体系。深入推进标准体系建设，促进内蒙古自治区新能源战略性新兴产业提质增效升级，推动质量强区战略落地生根。不断加强技术能力建设，加快并网光伏发电系统质检中心的筹建工作，为新能源标准体系建设做好技术支撑。建立健全新能源地方标准和标准体系，规范各环节的技术和管理标准，有助于加快技术创新和科研成果转化，推动全区新能源装备制造实现"三个转变"。

内蒙古自治区新能源和可再生能源标准化技术委员会（以下简称委员会）成立大会在呼和浩特市召开，各主管部门、高等院校、科研院所、大中企业的70余名专家和单位负责人出席，共同研究内蒙古自治区新能源领域标准化工作。委员会旨在深入推进标准体系建设，促进内蒙古自治区新能源战略性新兴产业提质增效升级，推动质量强区战略落地生根。委员会的成立，标志着内蒙古自治区新能源标准化工作迈上新的台阶。

（3）加强新能源开发建设管理。

第一，有效扩大本地消纳能力，注重提高消纳质量。截至目前，内蒙古自治区在国家计划指标内尚未并网的新能源容量还有约800万千瓦，已基本达到国家"十三五"规划给全区的自用规模，没有消纳空间。请各盟市发展和改革委员会制定切实可行的可再生能源消纳方案，提高本地消纳能力，推动风电等可再生能源参与供暖等电能替代工程，下大力气增加本地区风电和光伏发电的上网电量和运行小时数，优先保障现有已建风电利用水平，统筹好增量和存量的关系，控制新增可再生能源规模，避免盲目上新项目，加剧限电。

第二，积极推进电力通道配置可再生能源基地建设。"十三五"期间，抓住国家治理大气污染的契机，内蒙古自治区重点推动按国家要求电力通道均要配置一定比例可再生能源基地的开发建设。请相关盟市发展和改革委员会按照国家能源局最终批复的可再生能源配置比例，开展好可再生能源规划、布局等工作。

第三，合理有序地推进光伏基地建设。国家和自治区鼓励建设光伏"领跑者"基地项目，并且国家已批复了包头和乌海光伏沉陷区基地，采取评优分配指标。请各盟市发展和改革委员会在规划光伏"领跑者"基地项目时，要做好建设成本和先进技术以及本地消纳的统筹方案，因地制宜、合理有序推进光伏"领跑者"基地的规划和建设工作，防止企业恶性竞争，避免盲目建设造成的资源浪费。

第四，加强生物质能发电项目管理。按照国家和内蒙古自治区生物质发电项目建设、运行的有关管理要求，请各盟市发展和改革委员会进一步规范生物质发电项目管理，新建农林生物质发电项目原则上实行热电联产，新建生物质发电项目由盟市发展和改革委员会核准，并要求各盟市发展和改革委员会（能源局）

会同经信委等有关部门，按照各自职责，加强项目后期运营监管力度，严禁农林生物质发电项目掺烧煤炭等化石能源。

七、可再生能源补贴政策鼓励技术创新

只有通过创新带来的成本降低才具有确定性和永久性。人们普遍认为，21世纪是可再生能源发展的时代。然而，其发展仍然面临挑战。鉴于参与可再生能源的企业大体上仍在财政业绩上苦苦挣扎，所以需要政府的支持，特别是技术创新需要足够的财政支持。

政府应该改变补贴的发放方式。例如，政府可以考虑为可再生能源企业提供固定数量的补贴，直到配额用完。这可以防止非法行为的发生，并迫使其通过创新提高竞争力。此外，政府可以将补贴转移到产业价值链的上游，以支持能源储存等关键技术。

随着中国可再生能源进入快速增长阶段，国家补贴政策应该更加灵活，能更好地反映现实。政府需要仔细设计补贴方式，以刺激创新和解决可再生能源发展的问题。

第 三 章

专题研究

　　改革开放四十年来，内蒙古自治区社会经济发展取得了辉煌的成就，能源产业实现了从小到大、从弱到强的跨越式发展，走过了一条不平凡的成长之路，内蒙古自治区是我国能源大区，也是能源富集、种类最全的生态功能区，在发展经济的同时建设生态安全屏障，全力推动能源经济转型发展，促进节能环保产业发展，形成以新型能源为引领的产业布局，力争让内蒙古自治区能源更强大、高效、清洁、绿色、环保。

第一节　内蒙古自治区能源行业改革开放 40 年成就

改革开放 40 年来，在党中央的关怀下，内蒙古自治区能源产业取得了长足进步，已发展成为国家重要能源基地，煤炭、电力、天然气等产能产量大幅提升，煤制油、煤制气从无到有，重大项目集中投产，装备水平不断提高，对全区经济社会发展的支撑、引领作用持续增强。然而 40 年的发展历程并不是一帆风顺的，是通过每一位内蒙古自治区人民抓住国家相关宏观政策机遇，历尽艰辛，层层努力的结果。本节从内蒙古自治区改革开放 40 年来能源发展的历程回顾，到供需分析，最后总结 40 年能源发展的成就。

一、内蒙古自治区能源工业发展回顾

自 20 世纪 80 年代以来，中国提出并实施"能源工业战略性西移"的发展方针。国家重点投资开发建设的五大露天煤矿中有四个在内蒙古自治区境内，准格尔、霍林河、元宝山、伊敏四大露天煤矿的开发建设标志着自治区能源工业进入了一个新的发展阶段。20 世纪 90 年代以来，内蒙古自治区能源工业随国民经济的起伏而小幅波动，但基本上增长平稳，而 1998 年前后，受东南亚金融危机和国内经济紧缩的影响，能源工业进入迟滞不前阶段，原煤产量徘徊在 7000 多万吨的水平，电力供应出现过剩现象。

"十五"规划以来，随着西部大开发战略和国家各项宏观调控政策的实施，国民经济保持良好的运行态势，全国能源产品的需求量增长较快。从 2003 年开始的中国经济新一轮高速增长过程中，一度放缓的"能源战略西移"方针再次得到重视，随着全国能源由买方市场转向卖方市场，"十五"期间自治区能源工业的发展速度明显加快，超额完成了"十五"规划目标值，基本满足了自治区能源需求（电力供应呈现短缺状况），同时带动了相关产业的发展，促进了经济实力的稳步提高。

依托丰富的能源资源储备，能源产业为内蒙古自治区乃至周边地区经济的快速发展做出了巨大贡献。内蒙古自治区能源产业不仅实现了从最初单纯的资源开采到加工的转换，也实现了从单一的传统能源产业扩展到传统能源与新能源产业发展并重的格局，能源产业链不断延伸，产业结构逐渐多元化，较为完备的能源体系业已形成。

1. 煤炭产业的发展

改革开放前，内蒙古自治区的煤炭产业发展处于萌芽阶段。新中国成立前，内蒙古自治区经济基础非常薄弱，经济发展对能源的需求量很小，能源产业发展极其缓慢，占国民经济比重较小。

中华人民共和国成立后的全面计划经济时期，内蒙古自治区煤炭产业的发展始于对大炼钢铁运动的支持，以国有大型煤矿开发为主，其生产和消费环节均遵从政府计划，通过对产量、价格和运力的干预调节生产和资源分配。

改革开放以后，经济发展大大增加了对煤炭的需求，内蒙古自治区能源产业平稳发展，于"九五"时期进入快速发展阶段。2012年，内蒙古自治区原煤产量为10.4亿吨，焦炭产量为0.26亿吨，分别较1995年增长了约15倍和6倍。内蒙古自治区原煤销售中区外与区内比例、原煤外运中通过铁路与公路的比例都约为3∶2，保障了国家能源安全的地位凸显。这个时期内蒙古自治区煤炭产业经历了先发展后整顿和不断升级转型的过程。一方面，通过技术改造和资源整合，煤炭产业集中度不断加强，煤矿数量、平均单井产能及原煤产量均实现了跨越式的发展，涌现出一批具有国际竞争力的大型企业集团，形成了以冶金、化工、建材、电力等行业为主体的重工业体系，推动了内蒙古自治区的工业化进程。另一方面，随着石油价格的不断攀升，发展煤化工成为保障中国能源安全的战略选择，内蒙古自治区在建和规划了大量煤化工项目，通过煤炭的本地转化实现煤炭产业链的延伸和转型升级。

内蒙古自治区电力公司在全国率先全部实现了农业生产、居民照明同网同价的目标，累计为农牧民减轻电费负担近30亿元。2013年12月18日，内蒙古自治区十大民生工程之一"户户通电"告捷。2014年，内蒙古自治区电力公司积极推进"十个全覆盖"工程，投资32.4亿元，实施农网改造升级工程和4.44万户风光互补系统升级工程。2015年，农网改造升级工程总投资为30亿元，逐步完成2037户新能源用户和45个边防哨所通网电任务，重点解决38个旗县、1877个村庄、91万亩农田排灌配套机井用电问题。《能源发展"十三五"规划》提出，要推进综合能源基地建设工程，优化建设山西省、鄂尔多斯盆地、内蒙古自治区东部地区、西南地区和新疆维吾尔自治区五大国家综合能源基地。可见，在国家确定的五大综合能源基地中，内蒙古自治区独占两个。

2. 石油和天然气产业的发展

内蒙古自治区石油和天然气的生产起步较煤炭要晚，大概始于 20 世纪 90 年代，一直以来都是处于勘探投入不足、开发和利用水平较低的状态。

进入 21 世纪，随着勘探技术的发展和勘探投入的增加，内蒙古自治区在"十一五"以来发现了大量油田和气田，为石油和天然气的生产提供了较好的基础。同时，煤制油及煤制天然气等煤化工项目的投产，也增加了成品油和天然气的供给。

从总体上看，内蒙古自治区石油和天然气产业的发展都还处于起步阶段，以油气田勘探开发和探索煤炭转化为主要路径。从能源生产总量及构成来看，内蒙古自治区原油和天然气发电量占能源生产总量的比重从"十一五"末期开始基本保持在 6% 左右的水平，原油发电量占比呈逐年下降趋势，天然气发电量占比呈逐年上升趋势，在煤炭产能快速释放的时期，天然气显示出良好的发展势头。统计数据显示，内蒙古自治区"十二五"期间原油加工量呈逐年下降趋势，成品油生产较"十五"末期有升有降，其中，汽油和燃料油产量略有下降，柴油产量基本实现翻番，尽管如此，还是不能满足经济发展对成品油的需求，要依靠区外调入。

3. 电力工业的发展

改革开放前，内蒙古自治区电力工业发展缓慢。从"七五"末期到"九五"末期，内蒙古自治区电力工业在改革开放的推动作用下步入高速发展的快车道，并在"十五"和"十一五"期间实现了迅猛发展，是一个提量提质的过程。这期间，内蒙古自治区电力装机容量、发电量、外送电量等多项指标实现连年增长并位居全国前列，同时，其电力工业也逐渐由一煤独大的电力生产结构逐渐向多元化发展过渡。如今已成为全国电力装机总量和风电装机总量最高的省份，"西电东送"电量实现全国省级"十二连冠"，其中，水电 237.54 万千瓦、火电 8047.75 万千瓦，风电装机全面赶超三峡达到 2610.56 万千瓦，加之 690.47 万千瓦的光伏装机，全区可再生能源电力装机比重达到 30%。

内蒙古自治区电网新能源消纳刷新历史纪录，单日发电量超过 2 亿千瓦时，最大电力达到 1156 万千瓦，占比达到全网实时发电出力的 46.77%，其中，风电最大发电负荷破 1000 万千瓦，达到 1038 万千瓦，最大占比达到全网实时出力的 42%。此外，全区煤电单机 30 万千瓦以上的大型火电机组比重达到 70% 以上，托克托、岱海等一大批 60 万级发电机组成为全国行业标杆。电力工业从粗放型向集约化、由单一发电向煤电一体化、风光并举迈进，传统煤电优化清洁发展和电网建设呈量、质双升的趋势。

一方面，受节能减排政策的影响，通过关停小火电机组、制止无序建设和加强对火电污染物排放的治理，内蒙古自治区火电快速扩张有所减缓；另一方面，受国家新能源产业政策的刺激，内蒙古自治区风电、水电、太阳能及生物质能等清洁能源得到快速发展，丰富了内蒙古自治区的能源供给结构。

二、内蒙古自治区 40 年能源供需数据分析

1. 能源生产与供给充沛

改革开放以来，内蒙古自治区一直是中国主要的能源生产和能源消费地区，无论是生产总量还是消费总量增长速度都是比较大的，内蒙古自治区经历了"十一五"能源基地建设和经济社会发展的进程，能源工业出现了飞跃式的发展：1978 年能源生产量为 1070.23 万吨标准煤，但时过 40 年，到 2017 年时，已达 5.46 亿吨标准煤（2012 年最高达 6.4 亿吨标准煤），跃居全国产煤省区的第一位（见图 3 - 1）。总体来说，内蒙古自治区能源供给充沛，不仅满足了自身发展经济对能源的需求，也为周边能源短缺省份输送了大量的能源。

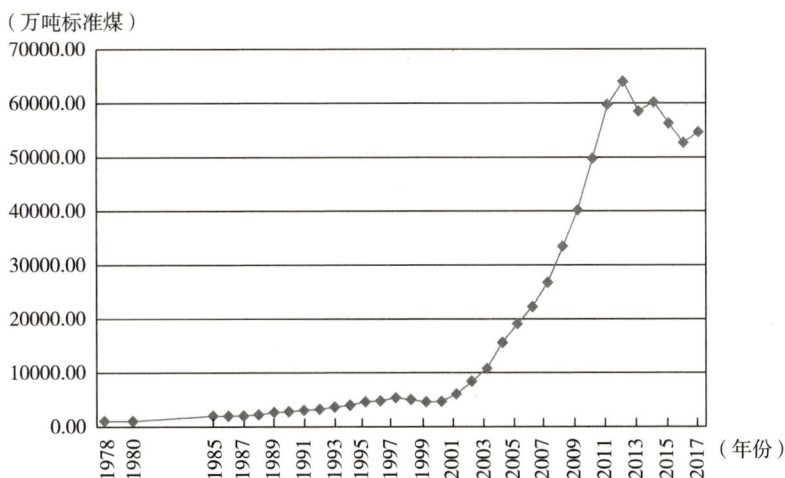

图 3 - 1　1978~2017 年内蒙古自治区能源生产总量变化

2. 能源消费不断上升

就整个经济增长速度与发展水平而言，一个区域的经济增长速度，总是与其能源消费增长速度保持着同方向变化的关系。在内蒙古自治区经济保持快速增长的同时，其对能源的需求量也在不断增加，能源消费总量也呈现不断增长的趋势。这主要表现为三个阶段：第一阶段，改革开放至 2000 年，能源消费总量持续平稳增长，年均增长速度为 5.1%；第二阶段，2001~2012 年，能源消费总量呈现快速增长的态势，年均增长速度为 14.28%；第三阶段，2013~2017 年，能源消费总量呈现缓慢增长的态势，年均增长速度为 3.2%。内蒙古自治区能源消费以年均 7.8% 的增长支持了地区经济年均的增长。能源消费快速增加的同时，内蒙古自治区的经济社会也在迅猛发展，2017 年地区生产总值突破 1.61 万亿大关，人均已经超过了 6.38 万元，成为中国中西部经济发展令人瞩目的地区。内蒙古自治区经济的迅速发展既得益于能源工业的快速发展，也得益于能源对相关产业发展的联动作用。

从图 3-2 可以看出，1985~2017 年（之前年鉴未统计），内蒙古自治区能源消费总量呈不断增长上升趋势。在 2000 年之前，能源消费总量增长趋势比较平稳，年均增长大约保持在 6.9%。但是，2000 年以后，能源消费量出现了明显的快速增长态势，从 2000 年的 3937.54 万吨标准煤快速增长到 2012 年的 22103 万吨标准煤，其间增长幅度高达 4 倍，年均增长达到 37%，并且将来还有持续快速增长的趋势。2013 年出现急速下降，直到 2017 年缓慢增长到 19917.97 万吨标准煤，进入缓慢增长期。

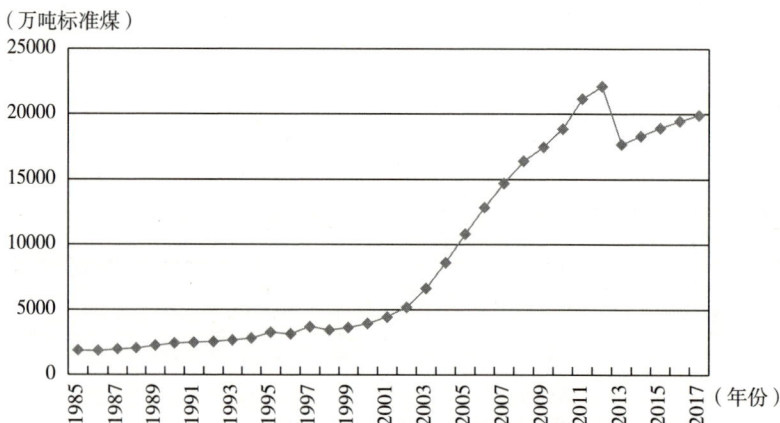

图 3-2 1985~2017 年内蒙古自治区能源消费总量变化

3. 能源消费结构不断优化

内蒙古自治区不仅煤炭、石油这些化石能源储量丰富，天然气、风能、太阳能等新能源的开发利用前景也十分广阔，但是在如此丰富的能源结构下，内蒙古自治区能源消费结构方面的矛盾依然很突出。

内蒙古自治区煤炭产量总体增长较快，1978～2017 年产量翻了几十倍。从 1978 年到 2000 年呈现出了稳定的增长态势，2000～2012 年为快速增长，从图 3-3 中可以看出，到 2012 年产量增长开始放缓，其原因是由于煤炭行业整合，关停了很多中小煤炭企业，使产量受到了一定的影响，另外，由于受中国经济低迷、各行业对煤炭需求疲软的影响，自 2012 年以来煤炭资源价格下跌，部分煤炭企业减缓了对煤炭的生产，转向了对其他产业的投资。

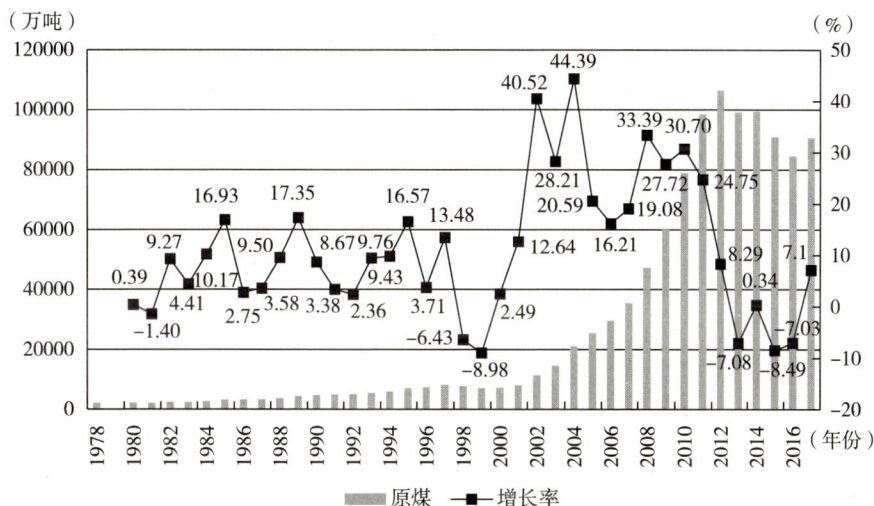

图 3-3　1978～2017 年内蒙古自治区原煤产量及增长率变化

从图 3-4 可知，2017 年，内蒙古自治区发电量为 4435.9 亿千瓦时，比上年同期增长 12.3%，创历史新高。1978～2000 年增长缓慢，最高时期是 1986 年，增长率为 38.26%；2001～2007 年为增长快速时期，平均达到 25%；2008～2017 年为低速发展时期。

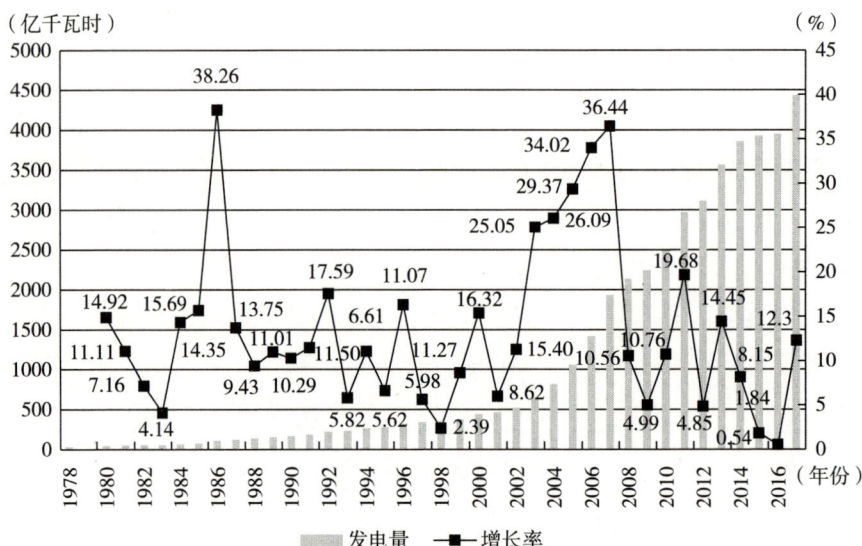

图 3 - 4 1978～2017 年内蒙古自治区发电量及增长率变化

三、内蒙古自治区能源工业发展

内蒙古自治区能源行业历经了四次厂网分开、网网分开的体制变革，形成了如今两个电网公司和三家发电公司"一体五胞"的格局，五大发电集团及京能等悉数挺进草原"播火、追风、逐日"。全区增量重组和新建的厅局级建制发电（能源）公司超过 10 家，呈现"大投资、大建设、大发展"的繁荣局面。

内蒙古自治区能源工业在一穷二白的境况下走出了一条建设清洁能源基地、服务经济社会发展的创新之路。40 年来，特别是党的十八大以来，稳固能源基地地位，大力推进电力外送通道建设。内蒙古自治区作为大型能源送出基地，具有天然的资源和区位优势。这在国家近期制定的能源领域"十三五"规划中多有提及。

2016 年，全区原煤产量达到 8.46 亿吨，同比有所下降，产量仅次于山西省，居于全国前列。同时，天然气产量为 299.2 亿立方米，增长 3.2%。

内蒙古自治区电力行业协会数据显示，截至 2017 年上半年，全区 6000 千瓦及以上发电单位 689 家，其中，水电单位 12 家、火电单位 206 家、风电单位 257 家、光伏单位 214 家。

2017 年 2 月，内蒙古自治区和中央企业合作恳谈会在北京举行。各能源央企以豪华阵容亮相，在现场签约的 88 项总计 4020 亿元的重大项目中，能源央企集体发力，一举签下合计 998 亿元的 13 个能源大单。

内蒙古自治区电力基地能有如今的体量，离不开央企为主的能源企业的大力支持。截至 2016 年底，全区增量重组和新建厅局级建制发电（能源）公司超过 10 家，规模以上发电单位 649 家，其中有央企血统（股份）的超过 70%。

为服务内蒙古自治区经济社会发展，国网蒙东电力加快推进主网联网、特高压配套、电铁配套等工程建设，逐步发挥"五型电网"在资源优化配置和能源转型升级中的作用。

2017 年 5 月，国家发展和改革委员会批复《关于蒙东电网实施同网同价有关问题的请示》，同意内蒙古自治区以财政资金补贴的方式，实现蒙东电网城乡用电同网同价。国家发展和改革委员会指出，在蒙东电网实施城乡用电同网同价，切实降低蒙东地区用电成本，是落实供给侧结构性改革，振兴东北经济的重要举措，是完善和简化销售电价体系、促进电力公平负担的必要措施。

2016 年，内蒙古自治区电力公司完成售电量 1464.64 亿千瓦时，超出内蒙古自治区国资委下达指标 64.64 亿千瓦时，创历史新高，实现了"十三五"的精彩开局。

蒙西电网在全国率先开展了电价补贴和电力多边交易。近五年来，累计承担电价补贴成本 100 亿元。通过电力多边交易模式，五年累计完成大用户交易电量 1395.6 亿千瓦时。仅 2016 年就为符合条件的用电企业节约电费成本 58 亿元。在全国电力市场化改革中，蒙西电网走在了前列，成为全国第一个输配电价改革试点省级电网。输配电价试点方案正式实施后，蒙西大工业用电成本每年可降低约 26 亿元。

34% 的电量实现外送。煤炭产业将向煤电外送转变。东部地区大气污染治理力度的不断加大，倒逼相关地区燃煤替代进程加快步伐。2013 年发布的《大气污染防治行动计划》提出，京津冀、长三角、珠三角等区域要通过逐步提高接受外输电比例、增加天然气供应、加大非化石能源利用强度等替代燃煤措施。种种举措倒逼煤炭大省转型发展，敦促煤炭产业实现由煤炭外送向煤电外送转变。在此背景下，内蒙古自治区、山西省等都在电力外送领域发力。

2015 年，京津冀在饱受雾霾困扰的时候，大规模引进内蒙古自治区清洁电力。这一方面弥补了控煤留下的能源缺口；另一方面也增加了对内蒙古自治区电力的消纳空间。同时，内蒙古自治区打造大型清洁能源输出基地的发展定位也日渐清晰。

当前，随着内蒙古自治区电力外送通道不断完善，外送电量逐年递增。2017 年上半年，内蒙古自治区外送电量为 711 亿千瓦时，同比增长 7.47%，占全部发电量的 34%，其中，送东北电量为 260 亿千瓦时，送华北为 436 亿千瓦时。另外，阿盟地区风场送宁夏回族自治区电量为 1.4 亿千瓦时，鄂尔多斯地区送陕西省为 7 亿千瓦时。

改革开放 40 年，内蒙古自治区实现电力总装机量和风电总装机量两个全国第一。能源结构优化趋势明显。在内蒙古自治区 1.16 亿千瓦电力装机总量中，水电为 237.54 万千瓦、火电为 8047.75 万千瓦，风电为 2610.56 万千瓦，光伏为 690.47 万千瓦。从装机结构看，火电装机仍然占到该区装机总量的 70% 左右，可再生能源装机占比接近 30%。

电力工业 40 年大跨越，电力装机总量领跑全国。从 1903 年草原有电算起，内蒙古自治区电力基地起步较晚。2002 年 8 月，发电装机始破 1000 万千瓦，其后一路高歌猛进。截至 2017 年上半年，全区 6000 千瓦及以上电厂装机容量达 1.16 亿千瓦，成为全国装机总量最高的省份。2017 年上半年，全区 6000 千瓦及以上电力装机累计发电量为 2088 亿千瓦时，同比增长 9%，其中，蒙东发电量为 553 亿千瓦时，蒙西为 1535 亿千瓦时。同时全区全社会用电量为 1387 亿千瓦时，同比增长 10%。

2015 年，内蒙古自治区并网风电装机总容量接近 2300 万千瓦，超过三峡电站 2250 万千瓦装机容量。内蒙古自治区"风电三峡"称号实至名归。随着草原"风电三峡"的崛起，大开机方式接纳风电、风功率预测、低电压穿越等技术日趋成熟，为内蒙古自治区"风火打捆、行销全国"的跨区域蒙电外送工程提供了可能性。如今，内蒙古自治区风电装机容量已达 2610 万千瓦，占全国风电装机量比重为 17%，占内蒙古自治区总装机量比重为 22.5%。

2017 年 4 月，内蒙古自治区电网新能源消纳刷新历史纪录，单日发电量超过 2 亿千瓦时，最大电力达到 1156 万千瓦，占比达到全网实时发电出力的 46.77%，其中，风电最大发电负荷破 1000 万千瓦，达到 1038 万千瓦，最大占比达到全网实时出力的 42%。2016 年底，国家能源局批复内蒙古自治区"十三五"风电清洁供暖规划，复函指出，"十三五"时期内蒙古自治区规划风电清洁供暖最大新增规模为 235 万千瓦。到 2020 年底，全区新增风电清洁供暖总面积不低于 800 万平方米。风电清洁供暖将有效消纳内蒙古自治区富余可再生能源电力，推动清洁能源健康发展。

四、内蒙古自治区能源行业 40 年成就总结

能源资源得天独厚。截至 2017 年底，全区累计查明和预测煤炭资源量为 9120 亿吨，保有资源储量为 4205 亿吨，其中，烟煤为 2546 亿吨、褐煤为 1619 亿吨、无烟煤为 10 亿吨，主要分布于鄂尔多斯市、呼伦贝尔市、锡林郭勒盟三大煤炭生产基地。风能资源丰富，全区风能技术可开发量达 14.6 亿千瓦，约占全国的 56.8%。太阳能总辐射为 1331~1722 千瓦时/平方米·年，仅次于西藏自治区，居全国第二位。全区农作物秸秆年产量为 3770 万吨，可以开发成为优质的生物质能源。

能源战略地位突出。2017 年，全区原煤产量为 9.06 亿吨，占全国的 25.7%，其中，区外销售为 4.9 亿吨，煤炭产量及外运量均居全国第一位。全区已形成蒙东、神东（东胜）2 个亿吨级、5 个 5000 万吨级、8 个千万吨级煤炭矿区。全区已投运 16 条超高压、特高压外送电通道，合计外送电能力为 7000 万千瓦。6000 千瓦及以上电厂装机容量达到 11810 万千瓦，其中，火电为 8145 万千瓦、风电为 2670 万千瓦、太阳能发电为 740 万千瓦、水电为 238 万千瓦、生物质发电为 17.2 万千瓦。从各项指标在全国的排序来看，发电总装机居第二位、火电装机居第三位、风电装机居第一位、总发电量居第三位、外送电量居第一位。与改革开放之初相比，煤炭产量、发电装机、发电量、用电量分别是 1978 年的 41 倍、108 倍、117 倍和 80 倍。全区已建成煤制油产能 124 万吨、煤制气产能 17.3 亿立方米，分别占全国的 15.5% 和 33.9%。作为内蒙古自治区六大支柱产业之首，2017 年能源工业增加值占规模以上工业增加值的比重达到 55.2%。

能源基础设施不断完善。全区已建成 500 千伏变电站 33 座，500 千伏线路 9063 千米，蒙西电网基本形成"三横四纵"500 千伏主干网架结构，蒙东地区 500 千伏电网网架初具雏形。全区已建成油气长输管道 31 条，覆盖 11 个盟市，区内里程达 5943 千米，其中，输气管道 24 条，区内里程 4241 千米，年输气能力约为 637 亿立方米；原油管道 5 条，区内里程 1221 千米，年输油能力为 3705 万吨；成品油管道 2 条，区内里程 481 千米，年输油能力为 391 万吨。

能源装备水平加快提高。从煤炭来看，全区 120 万吨以上煤矿产能约占总产

能的 87%，煤矿单井平均规模达到 224 万吨，井工矿采区回采率达 82%，露天矿回采率达 94%，煤矿采掘机械化率达到 95% 以上。从电力来看，全区拥有百万千瓦以上火力发电厂 22 座，单机 60 万千瓦及以上机组约占火电装机容量的 40%，同时煤电机组超低排放和节能改造加快推进，2016 年、2017 年度共完成超低排放改造 109 台 4577.4 万千瓦、节能改造 15 台 1404 万千瓦。

用能水平持续改善。2017 年，全区单位 GDP 能耗下降 1.57%，"十三五"期间累计下降 5.61%。2017 年，全区居民生活人均用电量为 610 千瓦时/人，增长 10.9%。深入推进天然气惠民工程，全区已有 10 个盟市、38 个旗县通天然气（煤制气）管道，使用天然气人口达到 690 万人，占城镇人口的 45%。积极推动风电供热工作，已形成供热面积 170 万平方米。

能源民生工程加快推进。100 万千瓦光伏扶贫指标基本可在 2018 年上半年投产，预计帮助 4 万建档立卡贫困户每年增收 3000 元。"十三五"第一批光伏扶贫村级电站正在抓紧实施，总规模达 37.7 万千瓦，共 755 个村级电站，涉及 17 个旗县、925 个贫困村、77134 户贫困户。"户户通电"已于 2013 年基本实现；2014～2016 年又通过争取国家财政资金、自治区配套资金、企业自筹资金解决新增无电户 3253 户，提标升级 6.2 万户，实现 6 个连队、50 个哨所用电升级；目前偏远农牧区用电升级工程正在实施，计划升级约 2 万户，其中，接入电网为 8400 户，新能源系统升级为 1.19 万户，2018 年将全部完成。

电力体制改革有序推进。蒙西电网在 2010 年建立全国第一个电力多边交易市场，截至 2017 年底累计完成交易电量 3265 亿千瓦时，其中，2017 年交易电量为 983 亿千瓦时，占蒙西售电量的 58.6%。蒙东电网 2014～2017 年累计完成大用户直供交易电量 267.8 亿千瓦时，其中，2017 年完成 80.2 亿千瓦时，占蒙东售电量的 27.33%，有效降低了企业用电成本。共有 15 个项目列入国家第一、第二、第三批增量配电业务改革试点，第一批包头铝业工业园区、鄂尔多斯达拉特经济开发区两个项目已完成增量配电网发展规划的评估论证，并通过招标方式确定了项目业主；鄂尔多斯棋盘井、呼伦贝尔经济技术开发区两个项目已编制完成增量配电网发展规划，并委托有关咨询机构评估。

经济发展离不开能源产业的发展，面对化石能源耗尽、环境污染和气候变暖的形势，世界能源产业亟须向供应多元化和消费低碳化过渡，如何应对不断变化的形势是能源产业发展需要解决的重大课题。内蒙古自治区能源产业的发展依托煤炭起步，近年来在风电等新能源领域也取得了较为突出的成绩，能源产业格局已发生巨大变化。在快速发展和变革的时期，内蒙古自治区能源产业在推动区域经济发展和保障国家能源安全方面发挥了重要作用。

第二节　内蒙古自治区"草原化工"滋生环境问题

全球温室气体排放量的2/3来自能源系统。国际上许多国家采取行动实现了具有里程碑意义的国际合作（如《巴黎协定》）和国家可再生能源目标。同时，一些私营部门也加大了应对环境问题的力度，如挪威主权财富基金宣布从煤基资产中撤资，而石油和天然气巨头则对可再生能源进行投资，瑞士在其整个130亿美元的投资组合中实施了环境、社会和管治基准。但是，环境可持续发展进程依然缓慢，全球能源系统的碳强度保持不变，使空气污染恶化。

"能量三角"的概念现在已广为人知。三角形的第一面：能源系统必须安全和可靠；第二面：价格必须是负担得起的；第三面：环境影响应该是可持续的。现代能源系统必须能够提供所有这三个维度。

在这些趋势的推动下，能源转型正在进行，使各国有机会改善其能源系统的性能。今天作出的政策将决定未来的能源系统是否能够提供其三个关键要求：经济增长和发展、能源安全和普遍准入以及环境可持续性。当前系统面临的挑战主要是由于对这三个关键需求之一的路径依赖。消费模式和沉陷投资代表着社会经济的重大锁定，导致了系统的惯性。

内蒙古自治区是中国重要的化工基地，依托丰富的资源优势、广阔的地域优势、显著的后发优势和国家实施西部大开发的优惠政策使化工产业在"十二五"期间实现了突飞猛进的发展，取得了令人瞩目的成绩。新型煤化工、天然气化工、氯碱化工、硅化工、有机化工、化肥等产能产量规模均跃居全国前列。据不完全统计，2016年，全区形成煤制油产能104万吨，煤制甲醇560万吨，聚氯乙烯700万吨、尿素2100万吨、多晶硅2.2万吨、电石720万吨。与此同时，化工项目集聚区也成了侵蚀破坏草原生态环境的重灾区。

一、内蒙古自治区能源发展带来的环境问题

1. 取水破坏了地下水水体平衡

内蒙古自治区水资源匮乏，降水量普遍不足且变率大。以内蒙古自治区建成

和在建的现代煤化工项目为例，每年耗水总量至少在9亿立方米以上。这些项目大部分集中在煤炭资源富集而水资源缺乏的蒙西地区，国家下达的黄河取水指标不足，部分企业违法盗采地下水，打破了项目所在地脆弱的水资源平衡，导致城市与草原地下水位大幅下降，对当地的生态环境造成伤害。

2. 不达标废水废渣的排放，污染了地表水和土壤

由于内蒙古自治区化工项目大部分布局在沿河沿交通干线，或是地广人稀的草原、戈壁、沙漠地带，已经发现有煤化工、氯碱企业向黄河、海拉尔河等内蒙古自治区境内河流偷排污水现象，有的则直接将废水废渣直排至没有防渗环保设施的所谓"晾晒池""蒸发池"。

3. 大气污染

内蒙古自治区万元生产总值能耗是全国平均水平的1.7倍，空气中的氮氧化物、二氧化碳等大气污染源主要来自包括化工在内的工业企业，污染负荷比重达98%，内蒙古自治区化工、冶金、电力三大行业二氧化硫排放量占到90%。随着"十三五"一批化工大项目的落地投产，温室气体还将继续增加，内蒙古自治区实现减排的任务前景不容乐观。

4. 煤化工污染

煤化工企业遍地开花，煤矿过度开采，使呼伦贝尔市草原退化、沙化、盐渍化面积达400万公顷，约占全市草原面积的40%。2010年，呼伦贝尔市曾经因此导致境内七大河流全部断流，大批农牧民被迫搬迁。在鄂尔多斯市，化工企业与民抢水、与草原争水的现象屡见不鲜。鄂尔多斯市一家化工公司在生态环境脆弱、干旱少雨的农牧区超量抽取地下水，使当地地下水位下降近百米，湖泊面积萎缩62%，草原沙漠化加剧。有环保机构在这家企业违规排放的污水和沉积物样本中，同时发现了多环芳烃、二甲苯、塑化剂、甲酚、苯乙烯、二氯甲烷等致癌物。

二、突破化工污染环境难点

内蒙古自治区尽管近些年化工产业有了长足的进步，但受到诸多制约因素影响，环境欠账也不少，化工行业技术水平、管理水平还有待提高。环保投入不足是环境短板根源所在，造成项目投产很久，而环保问题长期得不到解决的现状。

1. 化工环保技术薄弱

内蒙古自治区煤制油、煤制烯烃、煤制天然气、煤制乙二醇等项目都是国家

确定的示范工程，均为世界首套装置，采用了当今世界最先进的工艺技术，走在了世界煤化工发展的最前沿。但直至现在，这些工艺技术仍处于试验探索阶段，设计规范也只能借鉴石油化工设计规范。设计和生产中出现的问题，尚需经过多次工业试验才能逐步改进、完善、成熟。因此，这些示范工程的"三废"处理环保设施，也必须经过一段时间的研发创新反复实践，才能攻克环保装置各类工艺、技术、设备等难关，达到技术上成熟，实现经济上可行。

2. 化工环保人才缺乏

以新型煤化工和多晶硅行业为例，内蒙古自治区这两个行业产业规模在全国领先，但环保管理人才却很少，技术环保复合型人才更少。化工企业缺乏环保科技和人才的带动，人才储备也不足。到目前为止，内蒙古自治区已经投产和在建项目的核心技术大部分依赖引进，应用时间短，导致企业自身人才对设备不熟悉，难以在此基础上进行环保科学管理的创新，没有从根本上解决环保人才培养问题。

3. 环保投入严重不足

内蒙古自治区化工行业绝大部分是近10年新上大型项目，且多为国际最新引进技术和装备。由于企业精力重点放在生产线成功投产达标、安全平稳长周期运行、摸索国产化途径上，前期投资已经十分巨大，因此，对环保设施的投入就相对不足。

三、防治大气污染重点任务

全面推进内蒙古自治区大气污染防治工作，不断改善环境空气质量，《内蒙古自治区2016年度大气污染防治实施计划》部署了五大重点任务。

1. 加大综合治理力度，减少污染物排放

（1）实施燃煤锅炉综合整治。2016年，继续加大燃煤锅炉淘汰力度，计划完成874台燃煤锅炉的淘汰和改造工作，总计3225.3蒸吨。城市建成区、工业园区禁止新建20蒸吨/小时以下的燃煤锅炉，旗县政府所在地及环境敏感区禁止新建10蒸吨/小时及以下的燃煤锅炉、茶浴炉。积极开展用燃煤锅炉提标改造工作，确保稳定达标排放。进一步强化煤炭市场监管，规范煤炭加工、经销和使用环节管理，杜绝高硫、高灰分的劣质煤炭流入城区。

（2）加快推进除尘设施升级改造。加快推进重点行业工业烟粉尘污染治理

设施的升级改造步伐，火电、钢铁、焦化、水泥、锅炉等重点行业全面达到新排放标准要求。2016年，计划完成65个重点项目的除尘改造。积极开展火电行业燃煤机组超低排放改造工作，争取年底前完成1594万千瓦燃煤机组超低排放改造工作。

（3）加强挥发性有机物治理。大力推进工业源挥发性有机物综合治理工作，完成石化、化工、焦化、医药、表面涂装、包装印刷等重点行业摸底调查和挥发性有机物总量核算工作，石化行业要全面推行泄漏检测与修复（LDAR）技术，完成挥发性有机物综合治理。2016年，完成石化、化工、焦化等13家企业挥发性有机物治理工作。继续加大加油站、储油库油气回收改造工作力度，2016年底前，完成880座加油站、10座储油库油气回收治理任务。城市建成区餐饮服务经营场所全部安装高效油烟净化设施，加快推广使用高效净化型家用吸油烟机。

（4）强化城市扬尘污染控制。继续加大城市扬尘污染控制力度，认真落实《内蒙古自治区建筑施工扬尘治理实施方案》（内建〔2014〕114号）要求，所有建筑施工、市政工程施工现场采取扬尘控制措施，达到绿色施工的要求；加强城区渣土运输车辆的管理，在落实全部密闭运行措施的基础上，采取在主城区道路限时段运行的措施，减少对城市带来的扬尘污染；不断提高城市道路机械清扫率，在2016年力争达到47%，较2015年提高6个百分点；完善企业煤场、料场、固废等各类堆场的扬尘治理措施，对防尘措施落实不到位的堆场加大治理力度，有效控制堆场扬尘污染；加强矿山开采污染治理，强化矿山开采、储存、装卸、运输过程的污染防治，加大矿山复垦力度，提高矿山复垦率，进一步减少扬尘污染。

（5）强化机动车污染防治。积极实施公交优先发展战略，进一步提高公交分担率。加快新能源公交车推广力度，2016年，更新和新增的新能源公交车比重达到15%；加强机动车辆环保管理，完善机动车年度检验制度，提高机动车环保标志发放率，力争到2016年底，环保标志发放率达80%以上；各盟市要继续加强黄标车管理力度，扩大其禁行和限行区域，严格路检路查，严禁黄标车在禁行、限行区域内行驶，有效减少对城市空气的污染；加快淘汰黄标车和老旧车辆，确保完成国家下达的年度淘汰任务；加快推动成品油质量升级，自2017年1月1日起，全区供应符合国V标准的车用汽油（含E10乙醇汽油）、车用柴油（含B5生物柴油），同时禁止销售低于国V标准的车用汽、柴油。

2. 调整优化产业结构，推动产业结构转型

（1）严格控制过剩产能。按照国务院《关于钢铁行业化解过剩产能实现脱困发展的意见》（国发〔2016〕6号）、《关于煤炭行业化解过剩产能实现脱困发展的意见》（国发〔2016〕7号）要求和国家的统一部署，做好钢铁、煤炭过剩产能化解工作，编制过剩产能化解方案，合理安排年度产能退出任务；继续做好钢铁、水泥、电解铝、平板玻璃等产能严重过剩行业建成及在建项目环保认定及备案工作，对已建成违规项目，经监测符合行业排放标准的，责成年底前办理完善相关手续。对在建违规项目，在取得相关手续前一律停止建设。对工艺装备落后或能耗及污染物排放不达标的已建成违规项目，坚决予以淘汰关停。

（2）优化产业空间布局。严格执行功能区规划，合理确定产业布局、结构和规模，积极推进产业布局调整和优化，重大建设项目布局在优化开发区和重点开发区；结合环境承载力、资源能源禀赋等条件，采取产能化解、兼并重组、违规项目清理整顿等措施，合理规范城市、各类园区产业的布局，积极推进城市主城区钢铁、石化、水泥、化工等重污染企业搬迁转移和改造工作，对于暂时不能搬迁的企业，要加大治理力度，严格执行国家排放标准，确保稳定达标排放。

（3）全面推行重点行业清洁生产。按照《内蒙古自治区重点行业清洁生产推行方案（2014~2017年）》（内经信节综字〔2014〕574号）要求，继续加大钢铁、水泥、化工、石化、有色金属冶炼等重点行业企业清洁生产审核工作力度；采用先进适用的技术、工艺和装备，加快实施重点行业清洁生产技术改造工作。

（4）大力发展循环经济。鼓励产业集聚发展，加快推进循环经济工业园区和循环经济试点企业的培育和建设步伐，以煤炭、电力、化工、冶金、建材等行业为重点，着重推进企业内部工艺循环、园区内部企业循环、地区之间产业循环三个层面的循环发展，推动循环产业链延伸耦合，实现能源、资源循环利用，促进相关产业的协调快速发展。

3. 加快调整能源结构，增加清洁能源供应

（1）大力发展清洁能源。大力发展风能、太阳能和生物质能，2016年实现新增并网风电200万千瓦、太阳能发电100万千瓦；继续提高天然气等清洁能源使用比例，新增天然气优先保障居民生活或用于替代燃煤；到2016年底，全区清洁能源的装机比例将达到31%，与上年相比提高0.5个百分点。积极推进秸秆

综合利用，严禁秸秆焚烧。

（2）全面实施供热计量改造。积极推进供热计量改造，新建建筑要全部安装供热计量仪表，加快既有居住建筑供热计量改造，新建建筑和已经完成计量改造的既有建筑逐步实行供热计量收费。继续抓好新建建筑节能工作，逐步形成从规划设计、施工图审查、施工管理、材料检验、工程监理、竣工验收、销售许可、运行维护等全过程闭合式管理体系。加快实施既有居住建筑节能改造任务，2016年计划完成1500万平方米。

4. 提高环境监管能力，加大环保执法力度

（1）加大环保执法力度。严格按照新《中华人民共和国环境保护法》（以下简称《环保法》）和新《中华人民共和国大气污染防治法》有关规定，加强行政执法与刑事司法衔接，重拳打击违法排污，与公安机关建立联合调查程序，完善案件移送、联合调查机制。对偷排偷放、非法排放有毒有害污染物、不正常使用防治污染设施、伪造或篡改环境监测数据等恶意违法行为，依法严厉处罚；对拒不改正或涉嫌犯罪的，一律迅速移送司法机关依法处理；对群众反映强烈、污染严重、长期不解决或屡查屡犯的违法问题通过挂牌督办、联合查办等方式进行重点查处，集中力量查办环境违法大案要案。

（2）实行环境信息公开。严格执行空气质量监测管理制度，每月发布城市环境空气质量状况和排名，接受社会监督；进一步规范发布渠道，建立重污染行业企业环境信息强制公开制度，督促企业主动公开环境信息，将公开情况纳入企业信用评价体系，维护公众环境知情权和监督权；畅通环境信访平台和环保热线，倾听民生民意，及时解决热点难点问题。

5. 建立监测预警和应急体系，妥善应对重污染天气

（1）强化重污染天气应急会商制度。依托已建成的内蒙古自治区空气质量监测预报预警平台及大气环境监测超级站，对未来几日环境空气质量和变化趋势进行研判，提高重污染天气预警预报的准确性，为及时启动应急响应措施提供技术支撑。各级环保、气象部门要进一步健全会商机制，遇不利气象条件时要加密会商频次，提高监测预警的准确度，及时发布监测预警信息。同时，加强同京津冀及周边地区重污染天气联合会商机制，配合建立区域重污染天气预警体系，提高区域应对能力。

（2）做好季节性大气污染防治工作。坚持"冬病夏治"，加大燃煤锅炉整

治、重点行业治污设施提标改造、集中供热、供气管网改造、棚户区改造等工作力度，减少污染物排放。冬季采暖期间，严格煤炭生产、销售、使用全过程监管，加密抽检频次，杜绝高硫、高灰劣质煤炭流入城区。对供暖企业实施错峰供热，制订分段启停炉计划，避免污染物集中排放，切实降低重污染天气发生概率。

四、能源结构向多元化发展

内蒙古自治区能源正朝着清洁化方向发展，以高效、清洁、多元化、智能化为主要特征的能源转型进程将加快推进。随着市场扩大、技术成熟和成本降低，新能源行业尽管仍需政策支持，但更需要在产业发展上作出合理的长远规划，统筹布局、制定相关的行业标准，引导产业合理发展，积极培育新能源行业的现实竞争力。

新能源产业已成为推动全球许多国家经济发展的新动力，也成为新一轮国际竞争的制高点，中国的新能源产业也面临着全球能源改革和能源转型加速的挑战。国际新能源产业分工逐步深化，全球整合步伐加快、跨国并购增多、国际竞争加剧，发展战略、理念的变化深刻影响着新能源的利用和发展，促进新能源产业发展的有利与不利因素并存，新能源产品和设备贸易摩擦不断，严重干扰了国际贸易秩序等，这对我国新能源产业发展提出了更高的要求。

中国自新能源被列入战略性新兴产业后，在政策、市场、技术、资金等支持下，新能源产业发展迅速。据工信部统计，去年光伏发电系统投资成本降至5元/瓦左右，度电成本降至0.5~0.7元，平均度电成本比2010年下降约78%，低于全球平均水平。陆上风电成本约为0.43元/千瓦时，较2010年下降7%，已非常接近火电价格。未来随着新能源关键设备成本的降低，电网接入、土地租金、融资成本、税费等非技术成本的下降，新能源技术度电成本将持续降低，届时国家提出的到2020年风电在发电侧平价上网，光伏发电在用户侧平价上网的目标基本可以实现。

同时，中国新能源产业参与国际合作也正面临有利的机遇和市场空间。由于发达经济体老化的能源基础设施和更加严格的环境保护政策，导致其能源政策调整，新能源比重上升，而发展中国家能源增量需求较大，全球新能源行业增长迅速。国际能源合作从以偏重传统化石能源开采合作向以低碳、清洁化为导向的能源经济产业链转变，新能源国际合作成为重点。中国新能源企业"走出去"的时机已成熟，尤其是"一带一路"的倡议成为中国参与国际能源合作的绝佳机会。"一带一路"上多为发展中国家，大多能源普及率低、人均能源消耗量少，但拥有丰富的新能源资源，开发潜力巨大。中国新能源技术在全球具有很强的竞争力，随着"一带一路"建设的推进和境外投资进一步便利化，中国新能源产业参与国际合作的步伐势必会加快。

随着中国新一轮电力体制改革的深入推进，再加上大数据、能源互联网、物联网、智慧能源、区块链技术、人工智能等相关能源科技创新日新月异的发展，未来新能源行业将会催生很多不同于之前传统的企业模式，其经营方式也会发生很大改变。例如，新兴的互联网技术与新能源产业的结合将给新能源行业带来颠覆性的变革，共享经济有可能使新能源边际成本降到零，越来越多的企业、公用建筑和家庭，在消费新能源的同时，开始成为新能源生产者。在电动汽车、灵活性资源、绿色能源灵活交易、能源大数据与第三方服务等领域内，已出现多种企业创新模式，正在重塑新能源行业的商业模式，推动新能源市场开放和产业升级，形成新的经济增长点。

五、"三去一降一补"提升内蒙古自治区经济发展质量

随着一批去产能项目的顺利实施，2016年以来，内蒙古自治区已经去炼铁产能224万吨、炼钢产能67万吨、煤炭产能330万吨，提前完成了年度任务。

去产能的同时，去库存、去杠杆、降成本和补短板的工作顺利推进。2016年前10个月，内蒙古自治区规模以上工业企业产成品占用资金逐月下降，累计降幅超过16%；全区商品房销售面积和销售额分别比去年末增长25%和22%，待售面积减少12%；通过扶持企业上市、发行企业债等政策，撬动企业直接融资750多亿元，金融机构平均利率和不良贷款率、企业负债率全面下降；通过实施电力综合扶持政策、推进资源税改革等措施，内蒙古自治区降费减税额达200多亿元，企业经营成本明显降低；启动实施了交通、电力、公共服务等9大类45项重点工程，基础设施投资增长31.1%，对经济转型升级的保障服务能力明显增强。

"三去一降一补"给转型压力下的内蒙古自治区经济拓展出一片新空间。统计显示，2016年前三季度，内蒙古自治区规模以上工业增加值同比增长7.5%，高于全国平均增速1.5个百分点，全区生产总值同比增长7.1%，高于全国平均

水平 0.4 个百分点。

六、大幅降低高耗能投资

内蒙古自治区煤炭、油气、铁矿和有色金属等资源丰富。进入 21 世纪后，冶金、焦化、化工、电力等产业迅速壮大，带动了地区经济快速发展。但是，产业以重化工为主，也带来了能耗高、环境压力大等问题。近年来，随着内蒙古自治区大力实施去产能、扶持新兴行业发展等调结构政策，这种老格局正在被打破。

2016 年，内蒙古自治区 500 万元以上的黑色和有色金属冶炼、炼焦、石油加工、电力、化学原料及化学制品等高耗能产业项目共完成固定资产投资 1143.55 亿元，同比下降 64.9%，其中，黑色金属冶炼及压延加工业、有色金属冶炼及压延加工业的投资额同比分别下降 87.7% 和 69%，炼焦、石油加工等行业的投资额同比下降 69.5%，化学原料及化学制品行业投资额下降 85.7%。

与此同时，内蒙古自治区的电子信息、新材料、环境治理等新兴行业发展很快，投资额呈快速增长态势。位于呼和浩特市的中国电信云计算内蒙古自治区信息园，目前已经完成投资 22 亿元，建成服务器机楼 7 栋，具备了近 20 万台服务器的承载能力。

新兴行业的投资增长很快，折射出全区的产业结构正在优化，2015 年，全自治区的信息传输、软件和信息技术服务业固定资产投资额达到 125.96 亿元，同比增长 49.6%；除尘等环境治理业固定资产投资额达到 88 亿元，同比增长 220%。

七、保障措施

内蒙古自治区化工行业"十三五"规划的编制，应着力提出和细化正确处理水与化工发展的关系以及环保人才培养问题。一是化工装置采用最先进的节水工艺和技术来提高水资源的循环优化利用。重点推广高效冷却、污水深度处理回收、冷凝水回收、无水工艺技术等一批具有高科技含量的节水新技术、新工艺和新设备，大力提倡中水、矿井水回收使用，推广废水循环利用，提高水资源利用率。二是提高生产线整体水的再生和回用。通过与煤矿、洗煤厂、化工统一布局的煤化工园区，利用水质相对较好的矿井涌水作为生产用水水源，浓盐水作为煤矿、洗煤厂生产及降尘水源，实现区域内废水的零排放。三是将企业的资金用于旧设备的节水改造上，节省下来的水用于新设备的生产。四是利用内蒙古自治区位于黄河上游的区位优势，积极争取增加黄河用水指标量，推行跨越行业和跨越地区的水权置换以及水权的交易。同时，各项目应以水资源论证先行为宜，充分论证区域水资源的保障能力，并以此作为刚性约束指标和园区准入条件，合理配置区域工业用水份额。五是积极引导企业采取多种形式，培养和引进化工发展建设急需的国内外高层次环保技术人才。

内蒙古自治区化工行业"十三五"规划需要贯彻落实中央国务院《生态文明体制改革总体方案》，同时结合国家新近发布实施的《大气污染防治行动计划》《水污染防治行动计划》以及新修订的《环境保护法》等，力求根治化工产业以投资拉动、经济粗放式增长的症结，改变化工产业结构偏向重化工的特征。在"十三五"期间力争解决化工环保投入不足的短板，内蒙古自治区还亟待加强环保投资机制与政策创新。通过建立健全价格机制、收费机制和模式创新，建立社会资本环保投入的回报机制，构建多元化的环保投融资新格局。同时，加强政府引导，优化现有环保专项资金分配机制与使用方式，探索建立基于绩效的资金分配方式，提高资金使用效率。

第三节 节能环保产业发展现状及内蒙古自治区发展前景

随着全球经济的飞速发展，经济受资源和环境约束的矛盾接近临界。而人们对环境质量的需求不断上升，在此大背景下，节能环保产业应运而生。近年来，随着中国经济的飞速发展，过去忽视环境保护带来的负面效应逐步显现，雾霾频频袭击中国大部分地区，环境空气质量亟待提升。此外，生活污水、生活垃圾和畜禽养殖以及农药化肥污染等造成的土壤污染、水质恶化等环境问题日趋严重。然而，人们对环境质量的需求却在不断提升。经济发展转型升级和人民群众的需求都注定了要提高节能环保力度。

一、发达国家节能环保产业发展现状

随着经济的发展和人口的增长，能源资源等全球问题更加凸显。节能环保市场的巨大潜力使其必将成为未来科技与经济的制高点，为促进节能环保产业的发展，各国纷纷出台政策，投入资金，加大对节能环保、可再生能源和低碳技术的支持力度，极大地促进了节能环保产业的发展壮大。

1. 投资规模大、融资渠道广

国际能源署发布的《2013 世界能源展望报告》数据显示，国际能源署预计，2010～2020 年，全球节能投资达 1.999 万亿美元，2020～2030 年节能投资达 5.586 万亿美元，投资规模成倍增长。全球节能装备产业迅猛发展。作为世界最大的环保技术生产和消费国，美国将节能环保视为新能源战略的核心内容。2009 年，奥巴马政府宣布在 10 年内投资 1500 亿美元发展清洁能源产业，力争"2035 年美国 80% 电力来自清洁能源"。在技术研发资金支持方面，自 1990 年以来，美国政府的环境技术研发经费一直维持在研发总经费的 9% 左右。此外，美国政府还通过超级基金（Super Fund）、信任基金（Trust Fund）、示范补贴、贷款等各种形式来解决研发资金问题。

2. 政策优惠多、技术力量强

世界各国致力于通过制定激励机制和政策，运用法制、经济、技术等手段，大力推动节能环保产业发展。美国政府十分重视节能技术研发。据统计，联邦政府每年用于可再生能源和节能技术研发的费用超过 30 亿美元。此外，联邦政府还注重打造政府、企业、学校、研究所的环保技术协同创新体系，如 2003 年创建东北部创新集团，在这项政策中，各种组织协同参与能源与环境的技术研发中，优势互补，这不仅加大了技术成果转化的力度，也解决了技术研发经费的问题。如今，美国节能环保产业研发成果转为专利或技术许可证的比例高达 70% 以上，处于世界领先地位。欧盟长期实施环境与气候变化计划，为节能环保技术研发提供专门的金融支持。

日本是节能环保行业中走在世界前列的亚洲国家，为推进节能环保产业，日本公布了《21 世纪环境立国战略》。该战略的颁布，不仅进一步推动日本节能环保产业向深度发展，而且把日本环境保护推向了一个更高层次的发展阶段。此外，日本政府非常重视对环保技术的研究与开发。目前，日本的环保技术已同其电子技术和汽车技术并列为三大先进技术。

英国则在 2007 年 6 月公布了《气候变化法案》草案，承诺到 2020 年，削减 26%～32% 的温室气体排放，到 2050 年，削减 60% 的温室气体排放，制订了未来 15 年的计划，确保企业和个人向低碳环保科技领域投资。同时，英国政府还加大了能源的利用效率、温室气体的净化、废物循环使用和处理、可再生能源、清洁能源的发掘和新能源的开发等领域的科技创新投入。

3. 产业优势强、市场占有率高

节能环保产业的巨大发展潜力使世界各国争相拓展、占领国际市场，发达国家凭借其在节能环保技术研发领域的优势和丰富的产业运营经验已占得先筹。法国威立雅环境集团凭借运营管理经验和先进的技术等优势，通过加强高新技术研发，增强核心竞争力，积极进军国际市场，成为全球排名第一的节能环保基础设施运营企业；美国通用电气集团从 2000 年开始打造水处理部门，通过全球并购，成为世界上工业用水处理装备的主要提供商之一；德国西门子公司则依托技术优势，通过合同能源管理模式对全球范围内 6500 座大楼实施节能改造，拿到超过 10 亿欧元的合同；英国石油（BP）利用天然气、太阳能、风能等低碳、清洁能源技术，提高能效，增强产业竞争力。

二、中国节能环保产业发展现状

据测算，中国节能环保产业产值年均增长在 15% 以上，到 2016 年末，节能环保产业总产值达到 4.5 万亿元，增加值占国内生产总值的比重为 2% 左右。预计到 2020 年，节能环保产业将成为中国国民经济的支柱产业之一。经过多年粗放式发展的积累，近年来中国生态环境污染事件井喷式增长，呈现波及范围广、影响人群多、持续时间长等特点。工业作为主要污染来源，其惯性发展已不能满足公众日益提高的对公共卫生和健康等方面的需求。中国政府对此高度重视，将节能环保指标作为国家的强制性要求。"十二五"期间，中国明确提出单位国内生产总值能源消耗降低 16%；单位国内生产总值二氧化碳排放降低 17%；主要污染物排放总量显著减少，化学需氧量、二氧化硫排放分别减少 8%；氨氮、氮氧化物排放分别减少 10%。这些目标的提出将极大地促进节能环保产业的发展。

1. 政策环境进一步利好

近年来，中国先后颁布了一系列促进节能环保产业发展的政策性文件。2012 年，国务院发布的《"十二五"节能环保产业发展规划》明确指出，促进节能环保产业成为新兴支柱产业，推动资源节约型、环境友好型社会建设，满足人民群众对改善生态环境的迫切需求；同年 7 月，国务院发布的《"十二五"国家战略性新兴产业发展规划》进一步强调，节能环保产业要加快形成支柱产业，提高资源利用率，促进资源节约型和环境友好型社会建设。党的十八大提出建设"五位一体"美丽中国的目标，将生态文明建设提升至前所未有的战略高度。节能环保产业作为其产业支撑和技术支撑，被赋予了前所未有的期许和责任。2013 年 8 月，国务院发布《关于加快发展节能环保产业的意见》明确提出，到 2015 年，节能环保产业要成为国民经济新的支柱产业。

此外，环保"十三五"规划也正在制定中，新规划必将站在谋划全局的高度，在重大环境经济政策、环保工程和环保项目方面做出"顶层设计"，由此带来的节能环保产业市场的需求也必将更加广阔。节能环保产业正迎来发展的春天。

2. 制度环境进一步优化

随着"史上最严环保法"的正式实施和按日连续处罚、查封扣押、现场停产整治、信息公布等一系列配套管理办法的陆续出台，加之此前出台的两高司法解释、环保与公安联动执法等政策和制度，共同构筑了严厉的法网。过去企业"守法成本高、违法成本低"的弊病和环保部门执法的"尴尬"等问题正逐渐得到有效的改善，这一系列措施必将进一步提升企业依法治污的主动性和积极性。而将生态指标纳入政绩考核以及将"引咎辞职"写入新环保法必将更能唤起地方政府保护环境的积极性。与之相关的第三方环境治理、环境技术服务等节能环保产业方面的需求也将极大增加，从而使节能环保产业的市场需求进一步得到释放。

3. 环保标准进一步严格

截至 2015 年 7 月，中国已累计发布各类国家环境保护标准 1890 项，其中，现行标准 1652 项。为实施新环保法，多项新环境标准已制定或正在制定中。为贯彻新环保法，标准制定力度和速度都在不断增加，如除了组织制定《再生铅冶炼污染防治可行技术指南》等四项指导性技术文件外，下半年，政府部门还将积极推进合成氨工业、汞等五项污染防治技术政策以及味精工业、制药工业、纺织染整行业等七项污染防治可行技术指南的编制。新的更加严格的标准也必将大大刺激节能环保产业的发展。

4. 投资进一步加速

近年来，中国对环保方面的投入正在进入加速通道。2013 年 9 月，国务院印发《大气污染防治行动计划》，将为未来五年大气污染防治带来将近1.7万亿元的总投资；2016年4月，国务院印发《水污染防治行动计划》，"水十条"的落实已被纳入环保部今年工作重点，水污染防治行动计划的投入预计达到两万亿元；被称为"土十条"的《土壤污染防治行动计划》也呼之欲出。"大气十条""水十条""土十条"总计投资规模达到9.4万亿元。目前，环保部正在加快制定环境保护"十三五"规划。"十三五"节能环保市场潜力巨大，总社会投资有望达到17万亿元。

5. 市场需求进一步增大

2014年以来，中国先后出台文件旨在基本公共服务领域逐步加大政府向社会力量购买服务的力度。财政部印发的《政府购买服务管理办法（暂行）》将环境治理纳入政府购买服务指导性目录中的基本公共服务领域。这必将进一步激发和释放市场资源配置的活力。此外，一些地方已经进行了很多有益的探索，节能环保服务业正逐渐成为引领和拉动节能环保产业增长的重要力量，这将进一步促进节能环保产业的转型升级。

从当前的环境服务市场来看，环境保护市场化进程加快，各类环保服务业得到较快发展，市场化机制逐步建立。随着第三方治理、政府购买环保公共服务、PPP模式和环境监测社会化铺开，提供各类综合环境服务的公司不断涌现，积极进行环保服务的范围、方式和商业模式的不断探索拓展和创新，合同环境服务正在成为替代传统环境治理方式的新模式；2015年，中国节能环保产业营业收入预计将超过五万亿元，在环保新常态、新政策、新举措推动下，甚至可能实现更大的目标。

6. 技术水平进一步提升

就中国目前节能环保产业技术基础和供给能力来看，环保装备和产品供给能力显著增强，在除尘、烟气脱硫、城镇污水处理等领域已形成世界规模最大的产业供给能力。

中国环保技术与国际先进水平的差距不断缩小，研发能力有了进一步提升，并且已掌握一批具有自主知识产权的关键技术。城市污水处理的各种典型工艺在中国已广泛应用，通过多年的技术吸收转化创新，一些水处理技术和设备已经接近或者达到国际先进水平；电除尘处于国际领先水平，出口范围遍布30多个国家或地区；布袋除尘应用水平较高，应用范围不断拓宽；火电脱硫、脱硝和生活垃圾处理技术及装备基本实现国产化。

7. 融资渠道进一步拓展

环保投融资主体呈现多元化。环保投融资主体的形式越来越呈现多元化，一些地方政府正开展生态环保项目的"PPP"模式的探索和实施。此外，节能环保产业的股权基金、环保合同服务、环境污染第三方治理等市场化机制也正在积极探索并加快建立。节能环保产业的市场活力将进一步激发。

与此同时，环保投融资绿色金融服务业也在积极的酝酿和筹划之中，有些地方甚至进行了绿色金融实践的探索。如今，环保服务业发展迎来了春天。节能环保产业将进入以环境综合服务为龙头，带动投资、工程、设备和产品全面发展的新阶段。

8. 新常态下中国节能环保产业的发展方向

总体来看，中国节能环保产业体系已经从以"三废治理"为主的模式发展为覆盖了环保产品、环境基础设施建设、环境服务、资源循环利用等领域的门类比较齐全的产业体系，在新常态下，环保产业未来可能会呈现由市政公用领域向环境治理全领域转型。中国节能环保产业的快速发展得益于21世纪初推行的市政公用事业市场化改革，但经过十余年的发展，目前市政公用领域市场已趋于饱和。随着环境形势的不断变化和国家政策的引导，环保企业的业务领域正逐步向工业污染治理、农村环境综合整治领域开拓。

三、中国节能环保产业发展的必要性及制约因素

1. 节能环保产业发展的必要性

近年来，关于环保产业方面的重要法规、政策相比10年前可谓密集出台。那么，这一切的背后逻辑是什么？为什么节能环保产业能够被提升到如此高的地位？这是我们需要思考的一个基本问题。

节能环保行业火热背后有两个主要因素在起推动作用，一个是以资源换经济、先污染后治理的模式发展的必然结果，另一个是整个国家经济发展从建设期向运营期转换的必然要求。这两个因素有一定的交叉性，也可以理解为经济与环境相互作用的拐点到来了。

（1）先污染后治理的必然结果。第一个因素很好理解，因为我们国家的经济发展借鉴的是英国模式，即"先污染后治理"。在国家经济基础薄弱时期，这

种发展方式可以快速拉动整个社会的蓬勃发展，在 20 世纪 80 ~ 90 年代，我们对节能环保基本没有太大的意识，环境的恶化在当时经济快速发展的形势下也没有被作为重要因素来考虑。但当环境恶化到一定程度时，比如，覆盖全国的雾霾、大量的水资源污染情况的出现，环境问题就会唤起公众、政府的警惕，污染与治理的拐点就到来了，如太湖在 2007 年被蓝藻严重污染，水环境治理开始受到关注；PM2.5 在 2012 年由于美国大使馆的发布而引发热议，促使雾霾治理提上日程等。

（2）建设期到运营期的必然结果。第二个因素可以说远比第一个复杂，但可以更好地解释节能环保行业的诸多现象。大家都知道，节能环保行业的核心价值链最常见的模式是"投资—建设—运营"三段。其实，对于一个国家的整体经济发展，我们在相当一段时间之内也可以用同样的模型来看待，即我们国家的整体发展也会遵循"投资—建设—运营"三个大的阶段。

在国家经济一穷二白的阶段，我们需要大量的投资、建设来拉动经济。由于底子很薄，所以经济发展的增速可以很高。整个国家处于物资匮乏、基础设施极差、人民生活水平低下的阶段的时候，我们需要大量的建设来提升整个国家经济和人民生活水平，对应的日用品制造，同时拉动了化工、纺织、钢铁等诸多行业、房地产的发展，同时拉动钢铁、水泥、建材等基础性行业获得了极大的发展。

假如我们把国家的发展也视同为一个标准的组织，甚至是个人来看待的话，那么，整个国家的发展诉求是什么？根据马斯洛的需求层次理论，我们也可以简单地推论：与个人一样，当基本生存被满足以后，必然寻求更高层次的需求，如安全、情感、尊重、自我实现等。自改革开放到 2010 年，可以说，我们国家保障生存的基本建设基本完成了。这一阶段对应的是从 0 向 1 的突破，是经济的高速发展，广大人民群众为了追求基本生活需求而付出了巨大的财富代价，尤其在住房方面。整个国家在初始阶段就像一个大工地一样，经历了几十年的建设以后，才逐步地完成了。建设期以后是运营期。与建设期的一穷二白不同，这期间我们拥有稳定的资产。比如，当我们需要买房时，这个 GDP 意味着从零跃迁到 100 万元，增速惊人。而房子卖给了老百姓，大家就都有房子住了，接下来大家会做什么？住在房子里面交物业、水电等各类费用。这个费用假设每年是 1 万元，相比于当初买房子产生的 100 万元差距非常大。对国家来说，卖房子这 100

万元不可能每年都有，但是物业、水电这 1 万元是年年都有的，量级差异巨大的收入/支出体系，但稳定无比，这就是运营态。老百姓过的是安居乐业的日子，没有那么高的消费和支出能拉动经济像建设期买房子一样高速发展，这是运营期的基本特点：稳定、低速。典型的如美国的经济形态——GDP 增速2%左右就算很高了，社会形态稳定，除非有大的技术革命，再次拉动新的建设。

社会形态发展到一定阶段，整个社会的需求发生了变化。从前追求吃饱穿暖，属于基本生存需求，现在这个需求满足以后，大家追求的是安居乐业。什么是安居乐业？起码有个好的生活环境吧（不能天天雾霾啊），家里老人可以颐养天年，小孩有良好的教育机会，生病了有良好的医疗条件等。那么，这就需要有好的环境、教育、养老、医疗等生活配套来体现更高层次，但仍然属于广大人民群众需求范围内的、普惠式的、提高生活品质的方面。这些配套产业不应该是奢侈品，而恰恰是一个社会整体发展水平的体现，是属于整个社会自发性的需求必然推动的方向。在这股浪潮下，不但是节能环保，教育、养老、医疗等各类产业都将火热起来。节能环保因为跟每个人的关联最紧密，也由于国际社会的关注压力，所以很自然地就成为了大家青睐的对象。

（3）中国环保被国际社会关注。在运营期还有一个很大的特点，就是整体经济增速的平稳性。稳定、低速的特点并不是突然而来的，整个经济面临从高速向低速平稳状态的过渡，表现在指标上就是 GDP 增速的不断下滑。这时候原有建设期易发展的产业，面临的却是过剩、收益率大幅下降等恶劣环境，而节能环保等运营类行业则很显然符合运营期的特点，稳定，但收益并不高。在建设期，没有人会关注这类资产，但是到了运营期，原有高收益资产过剩而惨不忍睹的时候，稳定的、低风险的这类运营资产就成为了避险天堂。

综合上述分析，大家就可以理解，为什么节能环保行业的发展具有必然性：先污染再治理的基本策略，经济以及社会形态发展使然，躲避风险的选择，在这种种因素的推动下，节能环保行业就此成为明星产业。而这股浪潮下的节能环保行业将何去何从？节能环保行业仍面临诸多发展制约因素。

2. 制约因素

（1）管理体制不够顺畅、不利于形成产业发展合力。节能环保渗透三大产业部门，一直缺乏明确、清晰的定位，隶属关系相当复杂，一直是多头管理。管理体制未真正理顺，存在着管理分散、职责不明、多头管理、政出多门的混乱状况。由于缺乏清晰、高效的行业归口管理部门，导致产业发展比较凌乱，国家的规划目标难以真正科学地由上到下贯彻落实下去，仅停留在目标层面。节能环保项目在各地方、各行业自行其是，分散投资，低水平重复建设，难以形成产业合力与产业积聚，未取得统一管理的效果，不利于将节能环保打造成为新的支柱产业。

（2）政策依赖性过强、市场化程度不够高。真正要激发节能环保产业活力，必须要让市场说话。当前，政府仍主导着对环保重点工程、环保基础设施的投入与营运。虽然一些地方政府已经尝试对节能服务企业采用 PPP 模式实施投资和运营，但节能环保产业的市场化程度还不够高。在某种意义上，政府是强行把节能环保产业企业的发展过多地揽在了自己的肩上。企业对政府的过度依赖，只会害了企业，最终难免会"成也萧何，败也萧何"，重蹈光伏产业"产能过剩"的覆辙。

（3）资本市场不成熟、企业融资渠道不够畅通。环保上市公司是节能环保产业界的主力军，是保护环境、防治污染的重要力量。在技术研发力和创新力、企业凝聚力和对市场的洞悉力方面均具有独到的优势，如北京碧水源科技股份有限公司是创办于中关村国家自主创新示范区的国家首批高新技术企业，致力于解决水资源短缺和水环境污染双重难题。通过研发完全拥有自主知识产权的膜生物反应器（MBR）污水资源化技术，解决了膜生物反应器三大国际技术难题：膜材料制造、膜设备制造和膜应用工艺，拥有 20 多项专利技术，填补国家多项空白。但目前中国资本市场尚不成熟，价值投资尚未真正形成。融资难，一直是中国企业发展的瓶颈问题。虽然"注册制"的推出已经提上日程，但对部分目前尚未实现上市的具备发展潜力的中小型环保公司来说，资金紧缺和融资困难仍然是发展的瓶颈。目前，中国除了对节能环保企业给予财税优惠政策外，对节能环保产业的扶持方式仍然比较单一。直接补贴对很多地方政府来说是很大的财政压力，实施起来也较为困难。在 PPP 模式的探索以及融资方式多样化方面，还有很长的路要走。

（4）科技支撑仍然不足、整体创新能力还有待增强。这几年中国节能环保产业如火如荼，在产业发展和技术研发方面都取得了前所未有的成就。但在科技支撑方面，自主创新能力较弱，自主知识产权的关键和核心技术、关键设备和核心产品的创新能力仍然亟待提高；产业技术水平低，缺乏对产业发展有重大带动作用的关键和共性技术。在产业规模和水平方面仍有一些难题，主要有产业及产品结构不合理；产业整体水平和质量仍然有待提高，产业的核心竞争力比较低；企业数量多但整体规模偏小、企业抗风险能力低、低端传统产品比重大，技术产品的同质化现象亟待解决等。

四、内蒙古自治区节能环保取得的成就及前景

1. 高耗能投资大幅下降彰显调结构成效

包头钢铁集团（以下简称包钢）2号高炉及附属设施已经被基本拆除，为升级除尘、节能等环保设施腾出了空间。2016年还停了两条窄带钢生产线，最近至少要淘汰一条。包钢是新中国首批建设的三大钢铁企业之一，作为老企业，调结构的压力比较大。经过近几年的努力，目前该集团的高铁轨、管线钢、高端冷轧汽车板等中高端产品比例已经达到70%以上，清洁生产水平也大幅提升。

今后，包钢将不再扩张钢铁产能，而是依托稀土等资源优势，全力向高、精、专钢铁产品和稀土新材料、高端稀土应用产品进军，以技术创新提质增效。包钢的转型进展只是内蒙古自治区调结构成效的一个缩影。由于内蒙古自治区煤炭、油气、铁矿和有色金属等资源丰富，进入21世纪后，冶金、焦化、化工、电力等产业迅速壮大，带动了地区经济快速发展。但是，产业以重化工为主，也带来了能耗高、环境压力大等问题。近年来，随着内蒙古自治区大力实施去产能、扶持新兴行业发展等调结构政策，这种老格局正在被打破。

2016年，内蒙古自治区500万元以上的黑色和有色金属冶炼、炼焦、石油加工、电力、化学原料及化学制品等高耗能产业项目共完成固定资产投资1143.55亿元，同比下降64.9%，其中，黑色金属冶炼及压延加工业、有色金属冶炼及压延加工业的投资额同比分别下降87.7%和69%，炼焦、石油加工等行业的投资额同比下降69.5%，化学原料及化学制品行业投资额下降85.7%。

与此同时，内蒙古自治区的电子信息、新材料、环境治理等新兴行业发展很快，投资额呈快速增长态势。位于呼和浩特市的中国电信云计算内蒙古自治区信息园，目前已经完成投资22亿元，建成服务器机楼7栋，具备了近20万台服务器的承载能力。目前已经有阿里巴巴、百度、腾讯、网易、上海证券交易所、教育部北方云数据中心等61家互联网、金融等企业和政府机构入驻信息园，把这里作为自己的全国性数据存储和处理中心。

新兴行业的投资增长很快，折射出全区的产业结构正在优化。2015年，内蒙古自治区的信息传输、软件和信息技术服务业固定资产投资额达到125.96亿元，同比增长49.6%；除尘等环境治理业固定资产投资额达到88亿元，同比增长220%。

2. 去产能，降成本

2016年，内蒙古自治区在煤炭、钢铁"去产能"中，不仅完成目标任务，且走在了全国前列。内蒙古自治区中小企业局局长张德介绍说，在推进化解煤炭、钢铁过剩产能，引导企业兼并重组上，内蒙古自治区共关闭煤矿10处、产能330万吨，关停违规煤矿23处、产能1.6亿吨，实现生产煤矿按276天减量化生产，严控煤矿超能力生产。

2016年，内蒙古自治区退出钢铁企业产能291.25万吨，较好完成了国家下达的任务，去产能工作进度、质量走在全国前列。内蒙古自治区共引导煤炭企业上下游联合兼并重组23起，涉及重组资产1480亿元盘活煤矿投资和转化项目投资240亿元，可新增产值200亿元，控制新增产能7000万吨，可就地消化现有煤炭产能9286万吨。在国家"去产能"政策的背景下，此举不仅抑制了新增产能盲目扩张，而且对于内蒙古自治区经济的未来走向有着极为重要的价值。

在降成本方面，主要采取蒙西电网多边交易、蒙东地区直供电、微电网建设试点、自备电厂建设、售电侧改革等措施，降低企业用电成本。全区大工业用电平均每度电价降低7.86分，达到0.32元/度，保持了全国最低水平，预计全年降低企业成本75亿元左右。优势特色产业竞争能力和市场占有率大幅提升，电石由33.5%提高到37.6%、铁合金由16.4%提高到19.7%。落实国家各项减税清费政策，共为企业降本减负160多亿元。全区规模以上工业企业每百元主营业务收入成本84.3元，较年初降低0.62元，比全国低1.5元。停产半停产企业从年初的814户降到386户，企业亏损额同比下降17.6%，较去年同期减少了64.6个百分点。

3. 加快推进产业转型升级步伐

优化产业结构，坚持传统产业与新兴产业融合发展，严控高耗能、高排放行业新增产能，加快淘汰过剩产能，到2020年钢铁、煤炭分别淘汰346万吨、5414万吨。调整能源结构，实施煤炭消费减量替代工程，推动成品油质量升级，扩大天然气使用范围和规模，大力发展新能源产业。开展自治区和各盟市"十三五"国民经济与社会发展规划战略环评，强化源头管控，建立环评审批与区域环境质量联动机制，以环境容量、环境质量和水资源承载能力定布局、定产业、定规模，从源头预防环境污染和生态破坏。清理违规项目，对中央环境保护督察反馈意见指出的违法违规项目建设问题坚决整治到位，对违规审批用地、用水和超标排放等问题进行专项整治。

加快落实大气污染防治行动计划重点任务。推进火电行业提标改造，淘汰燃煤小锅炉，2017年底前全部淘汰城市建成区10蒸吨及以下燃煤锅炉。控制原煤散烧，到2018年全区城市建成区原煤散烧量比2015年削减35%。积极推进加油站、储油库油气回收治理工作，2017年6月底前全面完成剩余加油站和储油库油气回收治理任务，确保达到排放标准要求。

切实解决历史遗留及群众关心的突出环境问题。加快煤田灭火和矸石自燃治理，对历史遗留、责任主体灭失、政策性关闭的矿山，由盟市政府组织开展灭火工程治理。推进乌海市及周边地区环境综合整治，严格落实《乌海及周边地区环境综合整治方案》，到2018年底区域环境质量改善取得阶段性成效，到2020年实现明显好转。开展工业园区环境综合治理，严格落实主体功能区规划，进一步调整优化工业园区布局，加大园区清理和整合力度，推动产业集中、集聚、集约发展。加快园区集中式污水处理设施、集中供热、固废及渣场等环保基础设施建设。加强固体废物规范化管理，组织对全区工业固体废物、农业废弃物、有色金属冶炼废渣、危险废物等污染隐患进行全面排查。坚持把解决好群众关心的突出环境问题作为整改工作的着力点，加大重点行业和企业环境综合整治力度，确保有关问题尽快整改到位。

内蒙古自治区出台煤炭工业转型发展行动计划。2020年产能13亿吨左右，安全高效产能占90%，一半煤炭就地转化。

2017年5月，内蒙古自治区经济和信息化委员会印发了《内蒙古自治区煤炭工业转型发展行动计划（2017～2020年)》（以下简称《行动计划》），提出再造煤炭工业发展新优势。

根据《行动计划》，到2020年，全区煤矿数量控制在550处以内、产能13亿吨左右，安全高效产能占比达到90%。全区煤电、煤化、煤电冶加一体化比率达到85%以上，煤炭就地转化率达到50%。杜绝重特大安全事故，控制较大事故，减少一般事故。煤矿百万吨死亡率控制在0.02%以内。

同时，在资源综合利用和矿区环境保护方面，发电、建材利用煤矸石量逐年提高，2020年，新增煤矸石利用率达到40%以上，其余全部回填井下和复垦造田，地面不再形成新的永久性矸石山，历史遗留矸石山全部达标治理。露天矿排土场复垦绿化率达到90%以上，井工采煤沉陷区治理率达到80%以上，矿区生态环境实现良性演替。

据了解，内蒙古自治区现有煤矿589处、产能13亿吨。"十三五"期间，计划退出产能5414万吨。

内蒙古自治区第十次党代会提出煤炭工业发展要坚守"三条底线"。坚守发展底线，就是要继续发挥优势，稳控产能，发展壮大煤电、煤化、煤电冶加一体化产业链，促进煤炭就地转化增值提效。坚守生态底线，就是要抓紧补上煤炭开发导致的矿区灾害治理和环境保护短板，建立长效工作机制和政策体制。坚守民生底线，就是要建立煤矿开发利益补偿和分享机制，切实保障矿区农牧民的合法利益。

《行动计划》提出，要加快煤炭转化项目建设，从严控制煤炭资源投放，严控新增煤炭产能，引导年产60万吨以下煤矿有序退出。到2020年，全区煤矿安全生产标准化一级达标率力争达到70%。要以构建煤电、煤化、煤电冶加一体化产业链为核心，促进煤炭上下游企业联合重组，新上转化项目设置竞争性选择业主的条件，即优先将新上转化项目配置给现有煤矿企业，其次配置给与现有煤矿联合重组的企业。要建立健全煤矿地质环境综合治理工作体系和机制。同时在锡林郭勒盟、呼伦贝尔市各选择一处自治区已同意地方政府持股30%、履行煤炭资源配置手续的煤田按要求开发，用于改善矿区生产、生活条件，积累地方政府持股分享资源开发红利的经验。对符合国家、自治区煤矸石综合利用、资源回收利用政策的项目，及时兑现税收优惠政策。

五、促进节能环保产业发展的建议

在经济和社会发展的新常态下，生态文明建设、保护环境也进入了新常态。需要更加注重用生态文明的理念统筹谋划解决环境污染问题，用制度保护环境。

1. 畅通管理体制、切实服务企业

结合政府机构职能改革，理清节能环保产业管理制，由中央统筹，明确各部门职能职责，以畅通信息渠道。确保相关政令能及时准确传达。同时，精简行政审批事项，设立专门的节能环保产业对口服务窗口，推进扁平化管理和多对一服务，提高行政效能。

2. 充分利用市场机制、推进节能环保产业的市场化

加快发展节能环保产业，市场化、社会化是必然的趋势。社会资本的进入，既可缓解地方政府的资金紧张状况，又有利于提高企业的运营效率，使产业获得可持续健康发展。但资本对节能环保产业的热捧，也可能会引发遍地开花的模式，最终导致产能过剩，重蹈光伏和风电产业的覆辙。因此，资金投入既要发挥政府带头作用，又要突出市场导向，政府要充分发挥规划引导和动态监控职能，引导社会资本，根据产业的市场需求决定投资规模和方向，避免"一窝蜂"式发展对产业造成的伤害，形成正向的助推作用。根据社会主义市场经济的要求，依靠市场机制来有效配置节能环保产业的有形资源与无形资源。

3. 规范资本市场、畅通企业融资渠道

规范资本市场，对上市公司股东恶意炒作股价，抛售套现和非法场外配资以及恶意做空股市等行为给予严厉打击。引导资本市场的良性发展，有助于"注册制"的推出和价值投资理念的逐步形成，让股市能真正发挥对节能环保上市企业的正向推动作用。

畅通融资渠道。探索和推进多种方式帮助节能环保企业解决融资难题。PPP模式：构建以PPP环保产业基金为基础的绿色金融创新体系。这不仅能为节能环保产业构建巨额融资平台，还能构建节能环保产业的信息平台、技术创新和商业模式创新平台。产权质押模式：推行环保高新技术、知识产权质押融资等新模式，完善生态环保建设信用担保体系，建立高环境风险企业保证金制度。

4. 规范市场管理、打造产业合力

加强相关监管和问责机制，实现省市之间、地区之间和产业之间的相互开放，形成统一的全国性的大市场体系，促进节能环保产业合力的形成。同时，加强节能环保产业市场监督管理、产品质量监管，强化标准标识监督管理，严格执法，加大打假力度，营造公平竞争的市场环境，形成良好有序的产业发展环境。加强行业自律和社会监督，使扰乱市场秩序的劣币无处遁形。

5. 加强技术研发、畅通信息共享平台

资金和技术是节能环保产业发展的两翼，要切实推进节能环保产业的发展，必须在先进的科学技术方面获得坚实的支撑。科学技术是第一生产力，着力加强

技术研发力度，构建以企业技术开发为中心的"政、产、学、研"一体的技术研发体系，增强企业的技术创新能力和实力；着力推进环境科技资源的优化配置，形成一批上下游产业链条较为完整、产业结构比较健全的体系，加速环保高新技术的开发和产业化；着力促进环境科技在节能环保产业中的运用，组织开展重大环保技术验证评估与转化转移活动；着力专业人才的培养，组织专业技术人才培训；着力鼓励和引导民营企业和资本进入环保技术中介服务领域，通过优化整合和兼并重组，实现服务功能综合化、服务质量标准化、运营服务信息化。

随着新《环保法》的修订和实施以及"大气十条"和"水十条"等利好政策的不断推出，节能环保产业迎来了发展的"黄金时代"。但目前中国节能环保产业仍然存在融资渠道不够畅通、市场活力有待激发、资本市场亟待完善、产业创业还需推进等一系列制约节能环保产业发展的瓶颈难题。还有待从畅通管理体制，拓宽融资渠道，健全资本市场，推进产业创业等方面给予解决和推进，让节能环保产业真正成为中国经济新的增长极，为"五位一体"美丽新中国的建设奠定坚实的经济和环境基础。

第四节　内蒙古自治区电力工业为发展注入强大动力

内蒙古自治区是全国民族区域制度的开创者和实践者，电力工业同样是国家能源领域改革发展的"试验田"和集大成者。电力工业作为内蒙古自治区在全国最具竞争力和影响力的优势特色产业，在砥砺前行的 70 年光辉岁月中，担当起"照耀草原，光耀神州"的神圣使命，已经傲然成为中国首屈一指的"电老大"。

2003 年初，华电集团在五大发电集团中首家挺进内蒙古自治区。2004 年初，全国厂网分开电力体制改革在内蒙古自治区解开最后一环。新生的北方联合电力有限责任公司和"新版"的内蒙古自治区电力（集团）有限责任公司应运而生。虽然，这个迟到的春天比全国慢了半拍，却由此开启了一个中国电力改革与发展的新纪元。

一、内蒙古自治区是国家主要电源区域

内蒙古自治区作为大型能源送出基地，具有天然的资源和区位优势。国家近期制定的能源领域"十三五"规划对于内蒙古自治区能源基地定位多有提及。

《能源发展"十三五"规划》（以下简称《规划》）提出，要推进综合能源基地建设工程，优化建设山西省、鄂尔多斯盆地、内蒙古自治区东部地区、西南地区和新疆维吾尔五大国家综合能源基地。由此看出，在国家确定的五大综合能源基地中，内蒙古自治区独占两个，其能源战略地位可见一斑。

1947 年内蒙古自治区成立之时，其只有大大小小 27 个煤矿，煤矿职工共计 1370 人，用人背马拉的原始方式采煤。新中国成立以后，党和政府十分重视民族地区的经济建设，内蒙古自治区煤炭产业实现大踏步发展。

改革开放打开了内蒙古自治区电力市场化的闸门。在内蒙古自治区党委政府的坚强领导下，聚合资源、区位、政策、环境等综合立体优势，立足全国大局，坚持创新驱动，明确发展路径，不断凝聚起改革创新的智慧和勇气，超前进行开放式的电力建设。五大电力集团、京能、三峡等纷纷挥师草原"播火、追风、逐日"，呈现出一派全国、全民共建能源基地的繁荣局面，创造出电力能源基地建设一系列"蒙电样本"。

内蒙古自治区电力如同一个绿色能源巨人迅猛崛起。从 2002 年全区全口径发电装机容量在 1000 千瓦的基础上，到 2016 年底，全区发电装机定格在 1.103 亿千瓦，连续六年保持全国第一，风电装机全面赶超三峡达到 2556 万千瓦，西电东送电量蝉联全国省级"十二连冠"。加之 636 万千瓦太阳能装机，全区可再生能源电力装机比重超过 30%。

内蒙古自治区狂飙突进式的风电开发始于 2004 年。蒙西风电装机从 8.3 万千瓦起步，以风起云涌之势开工、建设、并网，上演了井喷式的增长，2013 年上半年突破 1000 万千瓦。2016 年 4 月 16 日，内蒙古自治区电网新能源单日发电量超过 2 亿千瓦时，新能源装机达到 1156 万千瓦，最大占比达到全网实时发电出力的 46.77%；风电最大发电负荷突破 1000 万千瓦，达到 1038 万千瓦，新能源接纳能力再创历史新高。

近年来，全区煤电单机 30 万千瓦以上的大型火电机组比重达到 70% 以上，托克托、岱海等一大批 60 万级发电机组成为全国行业标杆。电力工业从粗放型向集约化、由单一发电向煤电一体化、风光并举迈进，传统煤电优化清洁发展和电网建设呈量、质双升的趋势，形成盟市级 500 千伏网架贯通、旗县级 200 千伏网架覆盖的新业态，跨入了大容量、高参数、环保型、高电压、大电网、智能化的新时代。

内蒙古自治区电力外送通道进展顺利。2016 年 5 月，随着最后一根导线顺利牵引到位，由内蒙古自治区能建集团送变电公司参建的上海庙—山东临沂 ±800 千伏特高压直流输电线路工程（内蒙古自治区标段）全线贯通，如今已经具备送电条件。可将鄂尔多斯市上海庙 800 万千瓦机组生产的电源送往山东省，进一步满足山东地区用电负荷增长需求。

内蒙古自治区向蒙古国电力出口量也在逐年增加。2016 年上半年，锡林郭勒地区、巴彦淖尔地区、包头地区、阿拉善地区送蒙古国电量达 5.9 亿千瓦时，同比增长 4.74%，其中，经甘其毛都口岸向蒙古国外输电力达到 5.57 亿千瓦时，同比增长 21.88%，出口值达 3.46 亿元。

截至目前，内蒙古自治区实现电力总装机量和风电总装机量两个全国第一。能源结构优化趋势明显。

在内蒙古自治区 1.16 亿千瓦电力装机总量中，水电为 237.54 万千瓦、火电为 8047.75 万千瓦，风电为 2610.56 万千瓦，光伏为 690.47 万千瓦。从装机结构看，火电装机仍然占全部装机的 70% 左右，可再生能源装机占比接近 30%。

内蒙古自治区电力工业 70 年大跨越，装机总量领跑全国。内蒙古自治区电力行业协会最新统计数据显示，截至 2016 年上半年，全区 6000 千瓦及以上电厂装机容量为 1.16 亿千瓦。在新中国成立之初，仅有 11 家电厂、装机容量不足 1.5 万千瓦的内蒙古自治区，如今成为全国装机总量最高的省份。

2016 年上半年，全区 6000 千瓦及以上电力装机累计发电量达 2088 亿千瓦时，同比增长 9%，其中，蒙东发电量为 553 亿千瓦时，蒙西为 1535 亿千瓦时。同时全区全社会用电量为 1387 亿千瓦时，同比增长 10%。

2015 年，内蒙古自治区并网风电装机总容量接近 2300 万千瓦，超过三峡电站 2250 万千瓦的装机容量。内蒙古自治区"风电三峡"称号实至名归。随着草原"风电三峡"的崛起，大开机方式接纳风电、风功率预测、低电压穿越等技术日趋成熟，为内蒙古自治区"风火打捆、行销全国"的跨区域蒙电外送工程提供了可能性。

如今，内蒙古自治区风电装机容量已达 2610 万千瓦，占全国风电装机量的比重达 17%，占内蒙古自治区总装机量比重达 22.5%。

据内蒙古自治区电力公司调控中心数据显示，2017 年 4 月 16 日，内蒙古自治区电网新能源消纳刷新历史纪录，单日发电量超过 2 亿千瓦时，最大电力达到

1156 万千瓦，占比达到全网实时发电出力的 46.77%，其中，风电最大发电负荷突破 1000 万千瓦，达到 1038 万千瓦，最大占比达到全网实时出力的 42%。

2016 年底，国家能源局批复内蒙古自治区"十三五"风电清洁供暖规划，复函指出，"十三五"时期内蒙古自治区规划风电清洁供暖最大新增规模为 235 万千瓦。到 2020 年底，全区新增风电清洁供暖总面积不低于 800 万平方米。风电清洁供暖将有效消纳内蒙古自治区富余可再生能源电力，推动清洁能源健康发展。

二、改革创新驱动护航经济发展

内蒙古自治区电力工业呈现出的"黄金期"，根本上取决于对国家电力政策和自治区发展战略的深刻理解、坚决落实和执着推进。在全国唯一独立省级电网和区属国有龙头企业的"试验田"里，始终激荡着能源强区报国的正能量。

内蒙古自治区电力公司作为全区电力改革、创新、发展的"母体"，主要有三大贡献：一是开西电东送的先河，并始终保持对华北电网稳定的供应；二是拉动了全国最大的电力能源基地和谐建设发展；三是为内蒙古自治区步入全国前列注入了强劲的动力。

从 2004 年 1 月开始，内蒙古自治区电力公司历经四次厂网、网网分家，以省属独立电网的体量担当了改革先行先试的"试验田"，与北方联合电力公司作为全区供电侧、发电侧的两驾马车，在市场化改革、清洁风电发展、电力外送、勇担社会责任等方面结出累累硕果。2016 年，全区全社会用电量由 2004 年的 530 亿千瓦时增长到 2605 亿千瓦时，增长了 4.9 倍；全区生产总值由当年的 2700 亿元增长到 1.86 万亿元，增长了 6.9 倍。电力行业在前四批全国文明单位有 43 家企业上榜，省级占比达到 29.86%，超出全国电力同行平均水平近 20 个百分点。映照出一个底气十足、充满活力、蒸蒸日上崭新的内蒙古自治区。

自"十五"以来，内蒙古自治区电力公司陆续建成了覆盖蒙西 72.56 万平方千米的"三横四纵"500 千伏主网及遍布所有旗县、工业园区的 220 千伏电网。截至 2016 年底，电网统调装机容量达到 6364 万千瓦，售电量达到 1465 亿千瓦时，公司资产总额达到 922.47 亿元，电网安全稳定运行达到 7068 天。排名中国企业 500 强第 217 位，居自治区企业 30 强之首，连续 8 年发布《社会责任报告》，连续 14 年蝉联全区行风建设公共服务类第一名（或免评）。

北方电力公司立足建设煤电一体化新型能源公司，实现了"管好 500 万、建好 500 万、开工 500 万"的历史性跨越，2016 年底装机规模达到 1763 万千瓦，是公司组建之初的 3 倍多。2015 年完成发电量 651 亿千瓦时，完成煤炭产量 1090 万吨，供热面积突破 1.1 亿平方米，保持着发电企业的龙头地位，实现了经济效益、社会效益和生态效益的多赢。

2010 年 5 月 6 日，内蒙古自治区电力交易中心正式揭牌。截至 2016 年底，蒙西电网多边交易市场累计完成大用户直接交易电量超过 2282 亿千瓦，总计降低企业用电成本 95.32 亿元，不仅保障了内蒙古自治区经济的平稳较快增长，而且节能减排和低碳经济效果显著，有力地保障了北方地区冬季供热安全等民生大事。

2012 年 9 月 1 日，内蒙古自治区电力公司在全国率先全部实现了农业生产、居民照明同网同价的目标，累计为农牧民减轻电费负担近 30 亿元。2013 年 12 月 18 日，内蒙古自治区十大民生工程之一"户户通电"工程告捷。2014 年，内蒙古自治区电力公司积极推进"十个全覆盖"工程，投资 32.4 亿元，实施农网改造升级工程和 4.44 万户风光互补系统升级工程。2015 年，农网改造升级工程总投资 30 亿元，逐步完成 2037 户新能源用户和 45 个边防哨所通网电任务，重点解决 38 个旗县、1877 个村庄、91 万亩农田排灌配套机井用电问题。

与此同时，作为全国第一个输配电价改革试点省级电网，该公司首个监管周期的输配电价自 2015 年国庆起实施，财务公司正式挂牌运营，组建了经研院和锡林郭勒、乌海两个超高压供电局，38 个旗县电力公司实现直供直管。

三、迎接特高压

1987 年，蒙西电网开创了"煤从空中走，电送北京城"西电东送先河，为京蒙两市区的战略合作跑好了"第一棒"。

自 2005 年起，内蒙古自治区超越山西成为全国最大的电力输出省区，2010 年首次超过 1000 亿千瓦时，目前已连续 12 年稳居全国之首。2004～2015 年，内蒙古自治区已累计将 12921 亿千瓦时的绿色电能输送到首都北京以及华北、东北地区。

多年来，内蒙古自治区积极对接和跟进国家电网公司特高压及跨区电网发展规划，推进"建设大基地、融入大电网、对接大市场"的绿色能源全国共享的战略构想。随着国家电网蒙东电力公司的成立和发展，内蒙古自治区逐步与特高压结缘。2014 年 5 月，国家能源局批复内蒙古自治区锡盟至江苏省、上海庙至山东省两条特高压直流，锡盟至山东省、蒙西至天津南两条特高压交流共四条电力通道（见表3-1），最终形成了"五交三直"八条外送通道的格局。目前，内蒙古自治区建设和投运的特高压已达六条。"五交三直"特高压工程勾勒出美丽的前景，全部建成后预计年输出电量约为3000亿千瓦时，其中，清洁能源电量为1000亿千瓦时。

内蒙古自治区电力工业跨入特高压时代后，等于在能源基地与消费市场间架起了空中经济走廊，为内蒙古自治区带来的后发优势和比较优势将集中显现。综合来看，如果以特高压"射程"为半径画半圆，内蒙古自治区电力可以辐射中国大部分国土，加之明显的电价优势，实施跨省跨区域长距离输电的"蒙电送×"工程，内蒙古自治区"国家电源"完全可以成为中国能源供应的北支点。

从此，蒙电外送市场将从局部向全国、通道将从单一向复合、发电单机将从60万千瓦向100万千瓦、重心将从打市场创品牌向辐射全国整合营销迈进。全国市场正在变成内蒙古自治区能源资源变现的超级工厂，面向全国、惠及八方，有了与大草原相提并论的资本。

表3-1　特高压输电线路投运历程

区间		线路	开工时间	投运时间	输电能力/换流容量	是否在限电区
截至"十二五"	2009~2015年	楚雄—广州增城 ±800千伏		2010年6月1日	500万千瓦	否
		普洱—江门 ±800千伏		2013年9月3日	500万千瓦	否
		晋东南—南阳—荆门 1000千伏		2009年1月1日	600万千伏安*	否
		皖电东送 1000千伏		2013年9月1日	2100万千伏安*	否
		浙北—福州 1000千伏		2014年12月1日	1800万千伏安*	否
		向家坝—上海 ±800千伏		2010年7月1日	720万千瓦	否
		锦屏—苏南 ±800千伏		2012年12月1日	720万千瓦	否
		哈密南—郑州 ±800千伏		2014年1月1日	800万千瓦	是
		溪洛渡左岸—浙江金华 ±800千伏		2014年7月1日	840万千瓦	否

续表

区间		线路	开工时间	投运时间	输电能力/换流容量	是否在限电区
"十三五"期间	2016年已投运	内蒙锡盟—山东 1000 千伏		2016 年 8 月 1 日	1500 万千伏安*	是
		安徽淮南—南京—上海 1000 千伏		2016 年 3 月 31 日	1200 万千伏安*	否
		蒙西—天津南 1000 千伏		2016 年 11 月 29 日	2400 万千伏安*	是
		宁夏宁东—浙江绍兴 ±800 千伏		2016 年 8 月 21 日	2000 万千伏安*	是
	2017年预计投运（已开工）	陕西榆横—山东潍坊 1000 千伏	2016 年 5 月 12 日	2017 年	1500 万千伏安*	否
		山西晋北—江苏南京 ±800 千伏	2015 年 6 月 29 日	2017 年	1600 万千瓦*	否
		内蒙上海庙—山东 ±800 千伏	2015 年 12 月 25 日	2017 年	2000 万千瓦*	是
		内蒙锡盟—江苏泰州 ±800 千伏	2015 年 12 月 25 日	2017 年	2000 万千瓦*	是
		甘肃酒泉—湖南湘潭 ±800 千伏	2015 年 6 月 3 日	2017 年	1600 万千瓦*	是
		滇西北大理—广东深圳 ±800 千伏	2016 年 2 月 3 日	2017 年	500 万千瓦*	否
		内蒙扎鲁特—山东青州 ±800 千伏	2016 年 8 月 25 日	2017～2018 年	2000 万千瓦*	是
	2018年预计投运（已开工）	新疆淮东—安徽皖南 ±800 千伏	2016 年 1 月 11 日	2018 年	2400 万千瓦*	是
"十三五"期间	"十三五"规划	四川雅安—湖北武汉 1000 千伏			尚未披露	否
		蒙西荆门—湖南长沙 1000 千伏			尚未披露	是
		河北张北—广西南昌 1000 千伏			尚未披露	否
		甘肃陇彬—连云港 1000 千伏			尚未披露	是
		蒙西—湖北 ±800 千伏			尚未披露	是
		陕北—江西 ±800 千伏			尚未披露	否
		内蒙呼盟—山东 ±800 千伏			尚未披露	是
		新疆淮东—四川成都 ±800 千伏			1200 万千瓦	是

注：*代表按照规划容量投运，没有*的代表没有达到容量标准投运。
资料来源：公开资料整理。

在中国改革发展新的黄金机遇期，内蒙古自治区将努力建设国家能源产业的示范区、国家能源保障的"安全岛"、国家能源输送的"新丝路"。对于托举"中国梦"并实现绿色能源全国共享，内蒙古自治区充满期待。

四、内蒙古自治区新能源电力消纳

根据国家能源局综合司关于征求《清洁能源消纳行动计划（2018～2020年）（征求意见稿）》消纳目标，内蒙古自治区清洁能源消纳行动计划（2018～2020年）的目标是到2018年，内蒙古自治区风电、光伏利用小时数达到国家规定的保障性要求；2019年，内蒙古自治区弃风率控制在12%以内，弃光率控制在4%以内；2020年，内蒙古自治区弃风率控制在10%以内，基本无弃光现象发生。

从2006年的13.3万千瓦到2017年的2155.5万千瓦（风电＋光伏），内蒙古自治区电网新能源装机容量11年间增长162倍，年均增幅超过20%，在省级电网中新能源装机容量仅次于新疆维吾尔自治区，居全国第二位，装机占比接近37.5%，在实际运行中，装机甚至超过全网开机容量的47%。2013年，内蒙古自治区电网风电装机就已突破1000万千瓦，近四年来，绿色风电早已成为"缺水无核"的蒙西地区第二大主力电源，已由补充能源向替代能源渐次过渡。

内蒙古自治区电力公司全面提高电网的新能源接纳水平，近年来陆续新建了500千伏白音高勒变、察右中变、武川变、庆云变、定远营变、220千伏乌后旗开闭站、文更变、白同开闭站、锡西开闭站等变电站及相关线路，完成了对锡林郭勒盟的西苏地区、包头市的百灵庙地区、巴彦淖尔市的乌拉特后旗地区及阿拉善盟的贺兰山地区等新能源场站分布相对集中地区的线路切改，通过持续建设、改造，使内蒙古自治区电网新能源电力有效送出得到保障。同时，持续强化新能源调度运行管理和技术研究工作，以科技创新促电网绿色发展，提高电网的新能源接纳能力。从2011年开始，陆续投运风电功率预测、控制、运行指标分析、弃风/光自动统计等运行系统，建设投运了国内首套新能源技术支持系统，通过在实际运行中的不断完善及与火电AGC、地区负荷预测和抽水蓄能电站的配合使用，在最大程度上提高了电网的新能源接纳水平，为内蒙古自治区新能源接纳提供了强大技术支撑。

1. 内蒙古自治区清洁能源装机及电网基本情况

截至2017年底，内蒙古自治区清洁能源装机为3636万千瓦，其中，风电为

2658 万千瓦（蒙西 1692 万千瓦，蒙东 966 万千瓦）；太阳能发电为 736 万千瓦（蒙西 576 万千瓦，蒙东 160 万千瓦）；水电为 242 万千瓦，清洁能源发电装机比重达 31%。内蒙古自治区电网分为蒙西电网和蒙东电网，蒙西电网供电范围为自治区西部呼和浩特市、包头市、乌海市、鄂尔多斯市、巴彦淖尔市、乌兰察布市、阿拉善盟、锡林郭勒盟，通过 4 回 500 千伏交流通道与华北电网联系。蒙东电网目前仅与东北电网联网运行，供电范围包括呼伦贝尔电网、兴安盟电网、通辽电网、赤峰电网，盟市之间尚未形成统一的电网。

2017 年，内蒙古自治区弃风弃光电量共计 100 亿千瓦时左右，蒙西地区弃风电量为 71 亿千瓦时，弃风率 17%，弃光 4 亿千瓦时，弃光率 11%；蒙东地区弃风电量为 24 亿千瓦时，弃风率 11%，弃光 0.9 亿千瓦时，弃光率 4%。

2. 内蒙古自治区清洁能源消纳受阻的主要原因

（1）热电比重较高、冬季供暖期消纳矛盾突出。内蒙古自治区火电机组占总装机的 70%，承担主要的调峰任务，其供热机组容量比例超过 60%，进入冬季供热期后，供热机组大多无法参与调峰，电网调峰能力大幅下降。

（2）自备电厂占比高，挤占了清洁能源消纳空间。蒙西电网内自备电厂总装机容量超过 900 万千瓦，自备电厂发电量占全部发电量约为 1/3，平均利用小时数达到 6000 小时以上。

（3）电网输送存在一定瓶颈。风光资源主要集中在电网末端，接入地区网架结构薄弱，本地消纳能力不足，电网建设相对滞后，包头市、巴彦淖尔市、呼伦贝尔市等部分地区新能源送出受限。

（4）政策机制有待完善。尽管内蒙古自治区开展了输配电价改革试点以及电力直接交易的试点，但电力市场机制仍然不够完善，电源侧和负荷侧的电价机制不够灵活，地方政府对电力市场运行干预过多，导致无法充分发挥市场机制促进新能源消纳。

五、促进电力发展的措施

1. 加快解决清洁能源进出局部网架受限的问题

尽快投产蒙西电网百灵开关站、白同开关站升压等工程，开展可再生能源富集地区清洁能源专线供电试点，解决局部新能源送出"卡脖子"问题，提高电网主网架新能源消纳互济能力，到 2019 年底前全面解决存量新能源的送出受限问题。

2. 大力实施火电灵活性改造

到 2020 年，内蒙古自治区改造燃煤热电机组约 4400 万千瓦，其中，蒙西地区改造规模为 2990 万千瓦，其中，热电机组为 1460 万千瓦，纯凝机组为 1530 万千瓦；蒙东地区改造规模为 1440 万千瓦，其中，热电机组为 760 万千瓦，纯凝机组为 680 万千瓦。

3. 进一步推进可再生能源清洁供暖工程

到 2020 年底，全区新增可再生能源清洁供暖总面积超过 800 万平方米，其中，蒙西 500 万平方米，蒙东 300 万平方米，同步加强与电网调度运行和热力管网建设的衔接。

4. 促进自备电厂参与调峰

通过加强监管、开展新能源替代自备电厂交易、降低自备电厂替代电量输配电价等措施，促进自备电厂调峰消纳新能源，到 2020 年前实现自备电厂平均增加 10% 的调峰率。

5. 完善内蒙古自治区电力市场化交易机制

进一步放开各类电源的计划电量和交易规模限制，在电力现货市场建立前完善电力调峰辅助服务补偿机制，激发火电、抽水蓄能、灵活负荷等各类调峰需求的积极性。2020 年前启动蒙西地区电力现货市场试运行。

第五节　内蒙古自治区新能源产业效益分析

经济发展带来的生态环境成本越来越高，其对科技创新和人力资本的挤出效应明显。在"新常态"的经济背景下，新能源产业的研究已成为相关学术界的热门话题。

美国、日本、欧盟不同的发展新能源产业的国家政策对行业产生了积极影响，使其逐步实现了成本降低，效益水平提高的目标。中国紧跟全球新能源产业发展的步伐，寻找创新型发展模式，提高成本管理水平和效率已成为研究的重点。国内学者认为，要利用国家政策积极发展新能源产业，通过革新技术水平来降低成本。新能源作为新兴的产业，遇到的困难比较多，短时间内进行全民普及也是不可能完成的，其成本就是新能源产业需要解决的关键问题。结合不同的成本理论，运用分析工具，对成本的构成和产生进行了理想化的实证分析，同时联系长安产业公司的实际情况，达到提高效益的目的。新能源产业的发展，对转变经济发展方式，优化产业结构具有重要的理论意义。发展新能源产业，有利于减少对传统能源的依赖，实现可持续发展，为内蒙古自治区新能源产业跨越式发展提供重要的战略机遇，具有重大的现实意义。

本节首先介绍了内蒙古自治区新能源产业的发展现状，提出其在发展中存在的问题；其次，对新能源产业发展过程中的成本—效益进行分析，构建以开发成本、生产成本、使用成本及社会效益、经济效益、生态效益为基础的成本—效益指标体系；再次，得出内蒙古自治区新能源产业在发展过程中所创造的效益，并根据产业的发展趋势，进而分析效益、成本在发展中的变化；最后，提出了完善内蒙古自治区新能源产业的发展战略。

一、内蒙古自治区新能源产业成本与效益构成

内蒙古自治区新能源产业成本构成主要为生产成本、开发成本以及使用成本，效益构成主要为经济效益、社会效益以及生态效益。

1. 内蒙古自治区新能源产业成本构成

（1）生产成本。制造成本只包括服务于生产而发生的各种费用，不包括营业费用、管理费用、财务费用三大费用。内蒙古自治区新能源产业发展中，生产成本主要体现在设备购置方面，因为其本身不具备完整的新能源设备生产线，所以新能源产业设备主要依赖购买，导致生产成本居高不下。

（2）开发成本。开发成本属于内蒙古自治区新能源产业发展中浮动最大的成本之一，主要用于产品、设备等开发研制方面的支出，其中，包括人员费用、材料损失费用、专利费用等。开发成本容易受多方面因素变动的影响，主要体现在以下三个方面：

1）经济形势变动影响项目开发成本。经济形势变动会导致内蒙古自治区新能源产业开发者经济上的巨大损失，如市场需求、购买力、利率、税率、汇率的变化等。在研发以及实施阶段，市场需求变动的可能性很大。原来在细分市场上该类产品还供不应求，不久后却可能大量积压，投资收益难免会远远偏离预期。通货膨胀时，货币贬值，价格全面上涨，内蒙古自治区新能源产业有政府支撑，虽然具有一定抵抗通货膨胀的能力，但其各项成本价格也会上涨。

2）法律政策风险影响项目开发成本。法律政策风险是指一个国家所处的国

际国内政治环境变动及相应的政策法律调整（如金融政策和财政政策变动、土地使用制度改革、住房制度改革）造成的内蒙古自治区新能源产业开发者经济上的损失。对内蒙古自治区新能源产业开发者影响最为直接的是金融政策和财政政策。就金融政策而言，实行紧缩的货币政策还是实行宽松的货币政策直接影响开发者和购买者所持有的资本，影响项目的开发和收益，从而影响项目开发所需的成本费用。

3）相关决策人员素质偏低加大开发成本。首先，在内蒙古自治区新能源产业企业中，从事项目考察、项目测算的人员素质普遍偏低，根据这些人员指定的项目企划进行投资分析，决策者很难做出正确的决定，从而造成了项目投资失误，这些损失都会计入新能源产业的开发成本。其次，内蒙古自治区新能源产业开发决策者自身缺乏敏锐的市场洞察力和战略眼光，对项目预期不准确，盲目开发、盲目建设，造成项目开发后难以获得收益，导致成本难以收回或收回速度较慢。

（3）使用成本。使用成本是购买者在使用产品过程中所发生的一切费用，包括产品使用期内的运行、维护、修理、更换零件等。使用成本和产品的研究开发成本及制造成本（后二者之和称为"生产成本"）构成产品的寿命周期成本。使用成本虽然是从消费者的角度提出的，但它与生产成本并不是对立的。从某种意义上说，使用成本是生产成本的一种必要的补充。降低使用成本，有助于提高企业的经济效益。在通常情况下，使用成本高的产品，其价格应降低，使用成本低的产品，其价格可适当提高。生产者为了加强成本管理，不仅要控制生产成本，而且要控制使用成本，力求降低产品的寿命周期成本。产品质量对使用成本有较大的影响，为了降低使用成本，必须搞好质量管理。

2. 内蒙古自治区新能源产业效益构成

（1）经济效益。经济效益是通过商品和劳动的对外交换所取得的社会劳动节约，即以尽量少的劳动耗费取得尽量多的经营成果，或者以同等的劳动耗费取得更多的经营成果。经济效益是资金占用、成本支出与有用生产成果之间的比较。所谓经济效益好，就是资金占用少，成本支出少，有用成果多；提高经济效益对于社会等具有十分重要的意义。

（2）社会效益。社会效益是指最大限度地利用有限的资源满足人们对日益增长的物质文化的需求，有广义和狭义之分。广义的社会效益是相对于经济效益而言的，包括政治效益、思想文化效益、生态环境效益等；狭义的社会效益，亦与经济效益相对称，还与政治效益、生态环境效益等相并列。

（3）生态效益。生态效益是从生态平衡的角度来衡量效益。生态效益与经济效益之间是相互制约、互为因果的关系。在某项社会实践中所产生的生态效益和经济效益可以是正值或负值，最常见的情况是为了更多地获取经济效益给生态环境带来不利的影响。此时经济效益是正值，而生态效益却是负值。

生态效益的好坏，涉及全局和长期的经济效益。在人类的生产、生活中，如果生态效益受到损害，整体的和长远的经济效益也难得到保障。因此，人们在社会生产活动中要维护生态平衡，力求做到既获得较大的经济效益，又获得良好的生态效益。

二、内蒙古自治区新能源产业成本效益分析

1. 新能源产业成本分析

内蒙古自治区从 2011 年开始发展新能源产业，起步较晚，与标杆地区相比，没有完整的自主研发生产线，成本结构单一，成本分类少，本节主要研究内蒙古自治区新能源产业的成本效益分析的情况，包括成本的构成、产生成本的原因等。

（1）内蒙古自治区新能源产业生产成本情况。首先，内蒙古自治区在开展新能源产业时，需要完整的生产线，与其他的新能源产业开发地区相比，缺乏自主研发生产线，需要外购设备，成本在更大程度上依靠供应商的定价。因此，设备成本会增加，生产成本也会增加。设备生产技术为新能源产业的核心管理技术，其自主研发技术水平越高，所需要的成本就会降低。表 3-2 就是近几年内蒙古自治区新能源产业生产成本的分类情况，其用单位成本表现新能源产业生产成本的变化情况。

表 3-2　2016～2018 年内蒙古自治区生产单位成本　　单位：百万元

年份 项目	2016	2017	2018
材料费	266543.97	275497.67	280823.40
人工费	97605.66	100598.87	116341.12265

续表

年份 项目	2016	2017	2018
水电费	28764.06	30889.77	32094.1028
折旧	10674.57	11998.7	12035.28855
其他费用	54398.5	55386.76	56164.6799
合计	747343.70	780132.55	802352.57

资料来源：内蒙古自治区新能源网。

从表 3-2 可以看出，2016~2018 年，内蒙古自治区新能源产业的生产成本在逐年增加，其中，材料的成本较高。因为对于新能源产业，无论是风电还是光伏发电，对于设备以及材料都有较高要求，前期投入大，尤其是内蒙古自治区的自主研发工作未达到专业的水平，导致很多材料以及设备只能依靠购买，所耗成本比较高。由于受这种区域装备技术自身发展水平的限制，物资装备成本相对较高。

（2）内蒙古自治区新能源产业开发成本情况。在内蒙古自治区新能源产业的设备技术以及行业的核心技术发展比较完善的时候，未能在人工控制技术等先进生产技术方面建立属于自己的研发技术线，导致开发成本比较高。找寻近几年内蒙古自治区开发成本输入的具体情况，并对其进行分析，具体如表 3-3 所示。

表 3-3　2016~2018 年内蒙古自治区开发成本　　单位：百万元

年份 项目	2016	2017	2018
专利费	56302.41	59622.31	63528.74
人工费	533083.64	632319.07	798098.05
材料费	501566.38	544398.05	689875.99
合计	1091051.43	1236339.43	1551502.78

资料来源：根据内蒙古自治区资料整理。

从表 3-3 可以看出，开发成本中人工费在逐年增加，且其在开发成本中所占的比例接近 50%。这是由于自身未能形成先进的生产线技术，使开发成本中包括了开发人员进行外出学习的费用，且此费用在不断增加，从而导致开发成本也逐年增加。

（3）使用成本。对使用成本进行分析，主要包括设备维护、检修、换代等，通过对内蒙古自治区新能源产业设备使用成本数据进行统计，并制作成表3-4。

表3-4 2016~2018年内蒙古自治区使用成本　　　　单位：百万元

项目 \ 年份	2016	2017	2018
设备更换费用	54543.97	61382.67	76453.40
人工费	1764.06	2889.77	3094.1028
折旧损耗费用	5674.57	6998.7	7035.28
其他费用	1398.5	2386.76	3164.6799

资料来源：笔者整理。

通过上述统计，对内蒙古自治区新能源产业的设备使用成本有了基本的了解，随着时间的推移，使用成本在逐渐上升，其中，设备更换以及维修占据主要成本。因为新能源产业设备价值较高，且内蒙古自治区本身没有完善的生产线，所以购买设备消耗资金较多。随着时间的发展，设备损耗折旧越发严重，由此所产生的额外成本也开始逐渐引起重视。

2. 新能源产业效益分析

内蒙古自治区新能源产业效益分析主要通过三个指标进行，分别为经济效益、社会效益以及生态效益：

（1）经济效益。通过图3-5进行分析可以看出，目前内蒙古自治区经济发展在逐渐提升，其中，与新能源产业的加入和发展有密不可分的关系。通过统计能够看出，内蒙古自治区新能源产业效益增长较为迅速，而且增长幅度在加快提升，超过经济总体增长幅度，这代表新能源产业在经济指标发展方面是不断带动地区的产值进行发展的。

（2）社会效益。内蒙古自治区新能源产业的发展，不仅对促进区域经济具有直接作用，同时对于社会也有较大益处，其中，最为明显的就是新能源产业的发展给地区居民带来了更多的就业岗位，随着新能源产业的逐步发展，该效果将会更加明显，如表3-5所示。

（亿元）

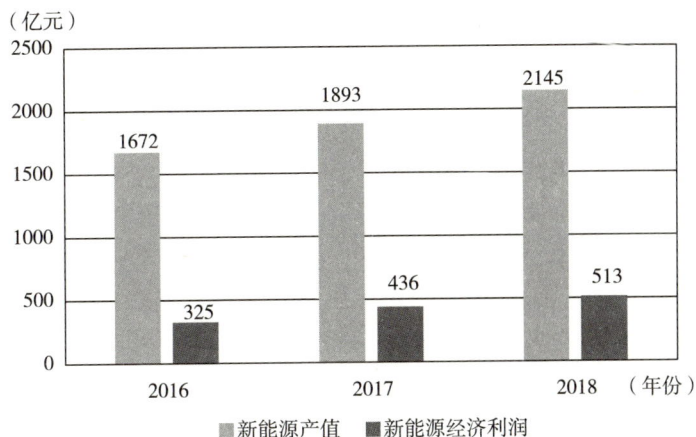

图 3 - 5　2016 ~ 2018 年内蒙古自治区新能源产值和新能源经济利润

表 3 - 5　新能源发展提供的就业岗位

年份	2016	2017	2018
提供就业岗位（人）	4531	5276	7146

　　不仅如此，对于新能源产业发展而言，所带来的社会效益远远比统计之中更加明显。新能源产业的出现，使内蒙古自治区围绕着该产业逐渐形成一条完善的产业链，集科研、开发、生产加工为一体，虽然目前还未成型，但是通过国家和政府部门的帮助，未来可期。

　　（3）生态效益。一条新的经济产业链开始正式出现在内蒙古自治区中，新能源产业发展的逐年加快，带动地区经济转型。以前内蒙古自治区一直以第一产业为主导，资源开采过度，森林覆盖率下降，而新能源产业的出现，为经济发展指明了出路。政府可以以新能源产业为主，围绕第三产业重新构筑发展模式，逐渐降低对第一产业的依赖，使经济更加良好地发展。

　　通过新能源产业使内蒙古自治区逐渐降低第一产业的发展比重，配合生态改进工作齐头并进，使生态效益逐年提高。自 2015 年以来，内蒙古自治区造林保存率均保持在 85% 以上，林下植被覆盖度提高 60% 以上，单位面积草地生产力提高 60% ~ 94%，2017 年，林下植被物种数量相比 2012 年提高了 43%。土壤健康状况明显改善，其各养分含量出现不同程度的提高；土壤含水量提高 3 ~ 5 倍，年均涵养水 531 万吨；年均吸收二氧化碳 5463 吨，释放氧气 3987 吨，固定土壤 2.5 万吨，水土流失得到控制。

（4）新能源产业成本—效益综合分析。以开发成本、生产成本和使用成本为基础，结合经济效益、社会效益和生态效益，构建完善的成本效益体系，对内蒙古自治区新能源产业发展情况进行全面分析。首先，内蒙古自治区新能源产业发展成本较高，体现在生产以及使用过程中，这是由于地区本身开发水平较低，没有完善的生产线，导致成本控制难度大。随着时间的推移，物价上涨，内蒙古自治区新能源产业生产以及使用成本将会进一步提升。近年来，内蒙古自治区政府在不断加强开发经费的投入，鼓励人才进行学习，但是所取得的效果并不良好。

以效益指标进行分析。目前，内蒙古自治区新能源产业的发展对于地区效益增长有重要作用：一方面表现为地区经济不断取得新高，内蒙古自治区围绕新能源产业不仅实现内部产业升级，同时减少了对第一产业的依赖和对资源过度利用的问题，帮助地区进行更加良好的发展；另一方面内蒙古自治区新能源产业作为一条新的完善产业链，其较大的岗位需求，对于解决居民就业问题提供了较大帮助。

结合成本—效益进行分析，内蒙古自治区新能源产业效益发展极为明显，对于地区经济发展水平的提升有重要意义。但是因为受科学技术的限制，导致地区自主研发能力较弱，没有属于自己的生产线，所以成本较高，未来仍旧需要改善以及提升。

三、内蒙古自治区新能源产业发展中的问题与对策

1. 内蒙古自治区新能源产业发展存在的问题

（1）生产成本问题。内蒙古自治区新能源产业发展中存在的主要问题之一是生产成本没有得到有效控制。这是由于内蒙古自治区新能源产业发展时间较短，科技研发水平较低，导致其设备只能依赖大量的购买，自主生产与购买成品之间存在着巨大的成本差额，致使产业发展成本一直难以得到有效的控制。

（2）研发成本问题。研发成本是内蒙古自治区新能源产业发展中弹性最大，也是最需要解决的问题之一，只有提升研发水平，才能够解决大量依靠外界购买商品的情况。目前，内蒙古自治区针对研发成本问题也采取了相应的解决手段，不断派遣人员外出学习，租借大量专利，进行科学研发等。但是，目前产业管理者缺少对研发成本使用的合理规划，对外出学习者没有进行有效审核与验收，而

且对其支出也没有进行全面核对，导致个别人员利用学习机会牟取私利，在专利租借以及材料研发方面，也没有得到有效控制，有很多专利在初期用不到，但是为了方便，就进行了统一租借，导致出现研发成本浪费问题。

（3）使用成本问题。使用成本主要为人工以及设备更换问题，因为新能源产业在发展过程中对设备要求较高，同时大型设备在使用过程中容易出现损坏问题，且对新能源设备的检修维护工作也落实不到位，导致设备损坏周期被进一步缩减。并且，对于维修工作人员素质没有统一要求，招聘很多工作人员，却没有真正发挥维护作用。

2. 解决成本问题，提升效益的对策

（1）提升科研水平，促进经济效益提升。结合问题进行分析，虽然目前内蒙古自治区通过新能源产业的开发，切实提升了自身的经济效益，但是在发展过程中，因为生产成本、科研成本难以进行有效控制，导致所发挥的经济效益并没有达到预期水准。针对该问题进行有效的解决，需要对新能源产业生产成本以及科研成本进行有效控制，提升科研水平，对新能源设备做到自主研发以及生产，改变大量依靠购买的现状。提升科研水平一方面需要政府稳定财务政策，稳定原材料以及土地等物价；另一方面需要加强对科研过程中人员发展水平的全面控制，在学习之后进行多角度验收，保障外出学习的人员都能够有所进益。

（2）解决发展成本问题，提升社会收益。解决发展成本，需要对设备维护工作进行科学规划。因为目前受科研水平的限制，内蒙古自治区没有办法建立完整的科研生产线，所以可以从零部件的研发以及生产开始，围绕零部件生产制定完善规划，在工作的过程中构建以零部件生产为主的产业集群，帮助内蒙古自治区新能源设备在进行维修以及生产工作的时候降低成本，同时在围绕该问题形成产业链之后，还能够真正实现对于再就业的带动，解决社会人员就业问题。

（3）进一步加强对新能源产业的开发，提升生态收益。未来内蒙古自治区在进行发展的过程中，围绕新能源产业进一步进行有效规划，保障自身产业收益，控制产业成本，降低第一产业在发展中的占比，以清洁型能源为主，在发展内蒙古自治区经济的同时也保障其对于生态的改善，提升整体性收益。

综上所述，注重融资渠道构建、优化新能源产业企业的财务管理以及明确现金流向，可以促进内蒙古自治区新能源产业发展中的成本控制，而计量方式的灵活运用、财务信息数据库的建立以及财务评价体系的完善，是从计算机技术应用、专业人才培养以及财务监督的角度，实现效益的全面提升。此外，随着市场竞争的发展和市场经济的多样化，内蒙古自治区新能源产业的经济效益以及其发展方向，需要以其为基础，但也要考虑数量、成本以及其他的效益，对新能源产业企业的经济效益以及实现可持续发展等方面都会产生影响，所以，综合研究以及分析内蒙古自治区新能源产业成本控制以及效益提升的方式，是新能源产业企业实现经济效益最大化以及实现可持续发展的有效途径。

内蒙古自治区新能源产业效益的提升需要从经营成本、产品营销战略体系、经济效益提升等方面进行分析，因此，希望新能源产业企业在对融资资金进行利用时，充分考虑财务评价体系的作用，对固定资产、无形资产以及融资方式等方面进行综合分析，并以最大限度地利用剩余价值的方式实现新能源产业企业整体经济效益的提高。

第六节　"氢"将会成为绿色能源的未来

从为家庭供电和加热到在车辆中使用的燃料，我们依赖的这些能源释放有害的二氧化碳，并使其进入大气中。考虑脱碳挑战的规模，我们需要串联使用许多技术解决方案，但迄今为止，一个元素被遗忘了：氢。

随着从柴油发动机向清洁能源的转变继续进行，德国和法国工程公司阿尔斯通（Alstom）签署了一项协议，后者将建造一系列氢动力列车，从 2021 年开始投入使用。阿尔斯通表示，将建造 14 辆无排放列车，名为"Coradia ilint"，可在一个全氢储罐上行驶 1000 千米（621 英里），最高时速可达 140 千米/小时（87 英里/小时）。

正如路透社所指出的那样，在德国波恩举行气候变化讨论的同时，《巴黎协定》和随后的通知也随之到来。在这些会谈中，将近 200 个国家聚集在一起，试图改善其气候变化计划，制定全球气候协议。"这一天代表了铁路运输的真正突破和朝着清洁移动系统的一大步改变""在全球第一时间，氢燃料的乘客区域列车将取代柴油列车，产生与常规区域列车相同的性能和高达 1000 千米自主的零排放。"阿尔斯通公司负责欧洲事务的高级副总裁吉安·卢卡奇（Gian Luca Erbacci）说。

氢动力汽车就像丰田的氢卡车一样，只在运行过程中排放水蒸气，这使它们成为一种环保的柴油替代品，不会产生有害的排放物，也不会加剧全球变暖。除了本田（Honda）等其他汽车制造商的努力以及赫斯拉（Hesla）等项目之外，人们显然希望投资于氢燃料电池，因为它既便宜又有利于我们的环境。

一、传统能源转型

我们对能源的需求不断增长。分析人士预测，到 2050 年，我们的能源需求将比今天高出 30% ~40%，即使假设我们变得更加节能。这种规模的增长并不是前所未有的，在过去的 30 年里，全球能源需求增加了一倍多。前所未有的是我们如何产生这种能量所需要的转变。可再生能源正变得越来越便宜，在过去的十年里，在全球范围内获得了超过 2 万亿美元的投资。然而，我们从化石燃料获得的能源份额几乎没有变化。自 1980 年以来，可再生能源已从不到一次能源组合的 1% 增加到今天的略高于 1%。相比之下，化石燃料在一次能源组合中占到了81% 的顽固地位。

我们需要以更快的速度扩大现有的低碳技术，否则人口增长将继续超过对可再生能源的投资，化石燃料将继续占据主导地位。然而，我们不能一直要求从迄今已证明是成功的技术中获得更多。国际能源机构（Iea）强调，在 26 个低碳创新领域中，只有太阳能光伏、陆上风能和电动汽车（EV）三个是成熟的，具有商业竞争力的，并有望实现 2015 年巴黎气候会议提出的气候目标。

我们不太可能从这三个技术领域中挤出比目前预计的更多。太阳能光伏和陆上风能是间歇性的，因此，需要与储能或其他形式的发电结合使用。用于储存和电动汽车的高能量密度电池引起了人们对制造它们所需原材料的供应是否能够跟上它们的快速吸收的担忧。根据彭博新能源财经（BNEF）的预测，石墨需求将从 2015 年的每年 1.3 万吨猛增至 2030 年的 82.2 万吨，锂、钴和锰的产量将增长100 倍以上。这已经对供应链和价格造成了压力，也给在这些矿场工作的人造成了压力，他们往往在极其恶劣的条件下工作。

那么，我们还有其他选择吗？世界经济论坛（World Economic Forum）的最新白皮书提出了一些大胆的想法，以显著加快可持续能源创新，并支持对未来能源的吸收。这里提到的一个常被遗忘的能量矢量是氢。

二、氢的潜力

氢具有去碳发电、运输和热的潜力。这是因为当电解产生时，利用电将水

（H_2O）分解成氢和氧，氢不会产生任何污染物。也许目前最著名的氢的用途是在运输中。对于电动汽车，司机们经常关心行程和充电所需的时间。燃料电池电动汽车氢站运行避免了这些担心，因为其有更长行程，一个更快的加燃料时间，并只需要很少的行为改变。氢气也可以用在我们的家庭加热方面。它可以与天然气混合使用，也可以自行燃烧。现有的天然气基础设施可用于运输，这将避免与更大的热电气化相关的电网成本。氢气一旦生产，也可以作为短期和长期的能源储备。支持者建议，多余的可再生能源可以被利用，利用这种电力产生的氢可以储存在盐穴或高压储罐中。早些时候，机械工程师学会的一份报告提出了更多的示范地点和一个讨论氢的长期储存潜力的论坛。

三、研究挑战

氢显然有几个潜在的用途，但特别是在生产和安全方面，还需要更多的研究，才能在规模上加以利用。目前，全球几乎所有的氢（96%）都是由甲烷（CH_4）转化而成的，甲烷是最终产生二氧化碳的过程。为了可持续，这种生产方法需要与碳捕获和储存相结合，而碳捕获和储存本身就需要进一步发展。电解不会产生碳排放。然而，使用这种方法可以产生的氢的数量取决于可再生能源的成本和可利用性。英国皇家学会（Royal Society）的一份报告显示，电解可能更适合汽车加油和离网部署，而不是大规模、集中化的氢气生产。对使用氢的安全性的关切也需要得到解决。英国国家物理实验室指出，在电网中运输氢气和燃烧氢气时，有两个优先安全问题。当氢被燃烧时，你看不到火焰，所以需要有一种方法来检测它是否被点燃；氢气将在高压下运输和储存，因此，我们需要找到一种与氢一起工作的气味剂，以便人们能够发现泄漏。

氢的探索正在加快，企业和政府似乎都认识到这一点。2017年，在世界经济论坛上发起了一个"具有美国愿景和氢气促进能源转型的愿景"的跨国公司集团。2018年早些时候，各国政府还同意就这一专题开展合作，在创新伙伴关系下发起一个新的主题，重点是使氢技术更接近市场。氢气不是灵丹妙药，但太阳能光伏、海上风和电池储存也不是万灵药。如果我们要成功地脱碳，就需要多种不同的技术。氢很可能是其中之一。

参考文献

［1］蔡德发．战略性新兴产业税收激励政策研究——基于黑龙江省产业升级视角［D］．哈尔滨：哈尔滨商业大学博士学位论文，2012.

［2］陈晨，张祖培，王淼．吉林油页岩开采的新模式［J］．中国矿业，2007（5）．

［3］陈小京．西方国家低碳经济发展措施与效应［J］．中国集体经济，2010（28）．

［4］崔民选．中国能源发展报告（2015版）［M］．北京：社会科学文献出版社，2015.

［5］邓楠．从挑战中把握可持续发展的机遇［J］．求是，2010（3）．

［6］顾树华，周泸萍．可再生能源资源评价体系与方法［J］．中国人口·资源与环境，1999（2）．

［7］郭四光．中国新能源消费与经济增长关系的实证研究［D］．北京：中国地质大学硕士学位论文，2012.

［8］何建坤．我国能源发展与应对气候变化的形式与对策［J］．经济纵横，2014（5）：16－20.

［9］姜启亮，吴勇．从发达国家经验看中国低碳经济实现路径［J］．改革与开放，2010（24）．

［10］黎勇，彭立颖．从世界可持续发展高峰会议的成果看能源问题的紧迫性与艰巨性［J］．环境保护，2002（10）．

［11］李刚．我国对国际油价影响的角色定位［J］．中国石化，2009（4）．

［12］李继峰，张阿玲．我国新能源和可再生能源发展预测方法研究——风能发电预测案例［J］．可再生能源，2004（3）．

［13］李志国，杜秀娥．"金砖国家"清洁能源利用及能源消费结构的实证分析［J］．亚太经济，2012（3）．

［14］刘德伟．我国新能源产业发展影响因素实证研究［D］．南昌：江西师范大学硕士学位论文，2016.

［15］刘晶．内蒙古自治区能源与经济发展关系的实证研究［J］．中外能源，2010，15（1）：23－28.

［16］刘松万．发展新能源产业的财政政策与措施［J］．山东社会科学，2009（11）．

［17］刘蕴韬．内蒙古自治区能源消费与经济增长关系实证研究［J］．农村经济与科技，2010，21（9）：96－98.

［18］刘志平，秦世平．我国节能可再生能源专项资金评价［J］．中国能源，2005（5）．

［19］马晓娟，赵晓丽．低碳经济下中国的新能源之路［J］．改革与战略，2010（8）．

［20］慕庆国，孙祥斌，徐俊艳．经济与能源资源协调发展的探讨［J］．煤炭经济研究，2005（7）．

［21］内蒙古自治区统计局．内蒙古自治区统计年鉴2009［M］．北京：中国统计出版社，2010.

［22］内蒙古自治区统计局．内蒙古自治区统计年鉴2016［M］．北京：中国统计出版社，2017.

［23］内蒙古自治区统计局．内蒙古自治区统计年鉴2010［M］．北京：中国统计出版社，2011.

［24］内蒙古自治区统计局．内蒙古自治区统计年鉴2011［M］．北京：中国统计出版社，2012.

［25］内蒙古自治区统计局．内蒙古自治区统计年鉴2012［M］．北京：中国统计出版社，2013.

［26］内蒙古自治区统计局．内蒙古自治区统计年鉴2013［M］．北京：中国统计出版社，2014.

［27］内蒙古自治区统计局．内蒙古自治区统计年鉴2014［M］．北京：中国统计出版社，2015.

［28］内蒙古自治区统计局．内蒙古自治区统计年鉴2015［M］．北京：中国统计出版社，2016.

［29］内蒙古自治区新闻网．内蒙古自治区煤制油、煤制天然气产能均居全国首位［EB/OL］．http：//inews. nmgnews. com. cn/system/2016/12/02/01220504.

［30］宁冰．我国新能源产业发展阶段判断与政策设计［D］．大连：东北财经大学硕士学位论文，2012.

［31］彭影．中国新能源产业发展趋势研究［D］．长春：吉林大学硕士学位论文，2016.

［32］尚玉敏．河北省新能源产业发展竞争力评价研究［D］．石家庄：华北电力大学（河北）硕士学位论文，2010.

［33］孙芳，赵海东，邓小东．内蒙古自治区经济增长与能源消费的协整性和因果关系分析［J］．财经理论研究，2009（5）：23－26.

［34］王多云，张秀英．低碳经济视角中的新能源发展问题研究［J］．开发研究，2010（4）.

［35］王芳，梁潇蕾．国内外能源利用效率比较及对我国的启示［J］．能源研究与信息，2007（4）.

［36］王锋正，郭晓川．能源矿产开发、环境规制与西部地区经济增长研究［J］．资源与产业，2015，17（3）：107－113.

［37］王茂溪．湖南省新能源产业发展的金融支持研究［D］．长沙：中南林业科技大学硕士学位论文，2014.

［38］王萌．日本新能源产业发展分析［D］．长春：吉林大学硕士学位论文，2013.

［39］温浩．金融支持广东新能源产业发展的实证研究［D］．广州：华南理工大学硕士学位论文，2012.

［40］吴海建．辽宁省新能源产业发展的财政支持政策研究［D］．大连：东北财经大学博士学位论文，2015.

［41］吴勇．从美、日、欧经验探索我国低碳经济实现路径［J］．生态经济，2011（12）.

［42］肖娜．吉林省新能源产业发展政策研究［D］．长春：吉林财经大学硕士学位论文，2016.

［43］徐绍峰．中国能源状况与经济社会可持续发展分析［J］．经济论坛，2005（7）．

［44］尹超．我国新能源产业对经济增长影响程度的实证研究［D］．保定：河北大学硕士学位论文，2014.

［45］余兴邦．泰豪智慧能源产业发展战略研究［D］．南昌：江西财经大学硕士学位论文，2018.

［46］曾建民，王丹青．略论发达国家低碳经济的发展［J］．新能源产业企业导报，2011（1）．

［47］赵欣，夏洪胜．中国新能源产业发展困境及对策分析［J］．未来与发展，2010（8）．

［48］周胜，张希良．可再生能源综合评价体系探讨［J］．环境保护，2004（10）．

后　记

　　本书立足于客观、翔实的数据，从宏观和微观层面，运用定量与定性相结合的分析方法，紧密结合自治区及国内外政治和经济格局的变化，针对产业结构转型、发展方式转变带来的机遇和挑战，对内蒙古自治区能源领域各行业的运行特征进行了深度剖析与探讨，并提出了对未来走势的预测和切实可行的对策建议，力图为提高科学发展能源水平做出一定的贡献。

　　本书在编写过程中参考了大量国内外相关行业文摘以及网络报道，在此向这些作者表示由衷的感谢。还有一些作者的文献参考没能标上，敬请谅解。

　　在本书即将出版之际，感谢内蒙古自治区能源行业有关部门的支持，感谢各位编写人员的辛勤付出，感谢经济管理出版社领导和编辑的帮助，使本书顺利出版。

哈斯巴根